westermann

AF626215

DAS **TRAININGS**BUCH

Deutsch Grammatik 5–8

In 3 Schritten zum Lernerfolg!

DAS **TRAININGS**BUCH

Deutsch Grammatik 5–8

Autoren
Natasja Bolle-Fischmann
Harald Fischmann
Ansgar Stich

Neu bearbeitet von
Christiane Möllmathe

Druck A[4] / Jahr 2025
Alle Drucke der Serie A sind im Unterricht parallel verwendbar.

Redaktion: Lothar Reiserer
Kontakt: lernhilfen@westermanngruppe.de
Illustrationen: Thies Schwarz, Hannover
Umschlaggestaltung und Layout: Janssen Kahlert Design und Kommunikation GmbH, Hannover
Umschlagfoto: iStockphoto.com, Calgary, Martti Salmela, Anika Salsera, Studio Light and Shade
Druck und Bindung: Westermann Druck GmbH, Georg-Westermann-Allee 66, 38104 Braunschweig

ISBN 978-3-7426-**0031**-8

Liebe Schülerin, lieber Schüler,

du willst sicherer in der Grammatik werden?

Dann ist das **Trainingsbuch** genau das Richtige für dich! Mithilfe der 3-Schritt-Methode kannst du hier viele Themen der deutschen Grammatik üben, die in der Schule wichtig sind.

Die **3-Schritt-Methode** ist ganz einfach.

1 verstehen: Lies die **Erläuterungen und Beispiele** gründlich durch und merke dir den Inhalt.

2 üben: Abwechslungsreiche **Übungen** helfen dir, deine Kenntnisse anzuwenden und zu vertiefen.

3 können: Schließlich kannst du mit einem **Test** überprüfen, ob du die Erklärungen und Regeln wirklich verstanden hast.

Die Lösungen zu den Übungen und Tests findest du ab Seite 170. Dort findest du auch die Auswertungen zu den einzelnen Tests.

Und jetzt kann es auch schon losgehen.

Viel Erfolg beim Üben mit dem **Trainingsbuch**!
Christiane Möllmathe

Inhalt

1. Wortarten

1.1 Flektierbare und unflektierbare Wortarten

1.2 Das Nomen / Substantiv (Hauptwort)

1.3 Der Artikel

1.4 Das Adjektiv (Eigenschaftswort)

1.5 Das Verb (Tätigkeitswort)

1.6 Pronomen und andere Wortarten

1. Wortarten

1.1 Flektierbare und unflektierbare Wortarten

Unterscheidung in flektierbare und unflektierbare Wortarten

1 VERSTEHEN

Wortarten werden in die zwei Hauptgruppen der **flektierbaren** und **unflektierbaren** Wörter eingeteilt. **Flektierbarkeit bedeutet, dass man Wörter in ihrer Form verändern (beugen) kann.**
Dies geschieht, indem man an den Wortstamm eines Wortes bestimmte Endungen anhängt und/oder dem Wortstamm bestimmte Vorsilben (Präfixe) voranstellt. Manchmal wird zusätzlich auch der Wortstamm selbst verändert.

Schwester – Schwestern, spielen – gespielt, Gang – Gänge

In den folgenden Beispielsätzen sind die flektierbaren Wörter *kursiv* gesetzt, die nicht flektierbaren unterstrichen:

Nils geht seit *einem Monat* ins *städtische Gymnasium. Jeden Morgen läuft er* zu *der Bushaltestelle, die* nur *wenige Schritte* von *dem Haus entfernt ist,* in *dem er* mit *seinen Eltern* und *seiner kleinen Schwester Lina wohnt.*

2 ÜBEN

1 Unterstreiche die unflektierbaren Wörter in dem folgenden Text.

Das Gymnasium ist eine weiterführende Schule, an der man das Abitur machen kann. In unserer Stadt gibt es Gymnasien, Realschulen und Gesamtschulen, die alle einen sehr guten Ruf haben. Die Kinder und Jugendlichen in Deutschland haben Glück, dass sie alle regelmäßig in die Schule gehen können. In vielen Ländern der Welt ist das noch nicht der Fall.

2 Setze bei den flektierbaren Wörtern die passende Endung ein, falls diese erforderlich ist.

Lina............ groß............ Bruder............ Nils............

geh............ gerne............ zur............ Schule............ .

Dort............ triff............ er............ jede............ Tag............

sein............ Freund............ .

3 KÖNNEN

TEST Schreibe alle flektierbaren Wörter aus dem Text heraus und bilde jeweils die Grundform. Unterstrichene Wörter musst du nicht beachten. Kommen Wörter mehrmals vor, musst du das nur beim ersten Vorkommen eines Wortes machen. Schreibe in dein Heft.

Beispiel:

Textwort	Grundform
schreibt	schreiben
einen	ein
Brief	Brief

Nils schreibt einen Brief an seinen Freund Max. Er beschreibt seine neue Schule und das Haus, in dem er jetzt mit seiner Familie wohnt. Seine Schwester Lina und er haben ihre eigenen Zimmer, in denen sie ungestört spielen und ihre Hausaufgaben machen können. Zu dem Haus gehört ein großer Garten, in dem es sogar eine Schaukel und ein Trampolin gibt. In der Schule hat Nils bereits einige neue Freunde gefunden, mit denen er sich auch schon nachmittags verabredet hat.

Flektierbare Wortarten

1 VERSTEHEN

Das Flektieren / Beugen von Verben nennt man **Konjugieren**, das Flektieren bei den anderen flektierbaren Wortarten (Nomen, Pronomen, Artikel und Adjektive) **Deklinieren**.

Die **Konjugation*** ist die Anpassung an

- **Person:** ich lache (1. Person) – du lachst (2. Person) – sie lacht (3. Person)
- **Numerus:** er kocht (Singular / Einzahl) – sie kochen (Plural / Mehrzahl)
- **Tempus:** sie liest (Präsens / Gegenwart) – sie las (Präteritum / 1. Vergangenheit)
- **Modus:** es spielt (Indikativ / Wirklichkeitsform) – es spiele (Konjunktiv / Möglichkeitsform) – Spiel! (Imperativ / Befehlsform)
- **Genus Verbi:** er tut (Aktiv) – es wird getan (Passiv)

Die **Deklination** ist die Anpassung an:

- **Genus:** der Mann (Maskulinum) – die Frau (Femininum) – das Kind (Neutrum)
- **Numerus:** das Pferd (Singular) – die Pferde (Plural)
- **Kasus:** der Baum (Nominativ) – des Baumes (Genitiv) – dem Baum (Dativ) – den Baum (Akkusativ)

* Diesen und viele andere Begriffe findest du im **Glossar** ab Seite 219 zum schnellen Nachschlagen nochmals kurz erläutert.

2 ÜBEN

1 Unterstreiche die nicht flektierbaren Wörter mit einer Farbe. Unterstreiche dann alle konjugierten Wörter in einer anderen Farbe und schreibe deren Grundform in dein Heft.

Lina hat morgen Geburtstag. Sie ist schon ganz aufgeregt. Wird sie wirklich den Sitzsack aus dem coolen Laden bekommen, den sie sich gewünscht hat? Bestimmt wird ihre Mutter einen schönen Kuchen für sie backen. Und nachmittags kommen ihre Freundinnen zur Geburtstagsparty. Darauf freut sich Lina schon sehr.

2 Forme die Sätze vom Singular (Einzahl) in den Plural (Mehrzahl) um, indem die deklinierbaren und die konjugierbaren Wörter entsprechend verändert werden.

Als der Junge das Geschenk und den Kuchen mit der Kerze sieht, freut er sich sehr. Der Geburtstag ist immer ein besonderer Tag, an den er sich später gerne erinnern wird. Wenn er selbst einmal ein Kind hat, wird er ihm auch einen unvergesslichen Geburtstag bereiten.

3 Forme die Sätze diesmal vom Plural in den Singular um. Schreibe in dein Heft.

Alle Kinder lieben Weihnachten. Tannenbäume werden geschmückt, Geschenke eingepackt, Kerzen angezündet und Lieder gesungen. Mütter und Väter freuen sich, wenn die Kinder ihnen selbst gebastelte Geschenke überreichen oder Musikstücke auf Instrumenten spielen. Omas und Opas genießen die Feiern im Kreis der Familien.

3 KÖNNEN

TEST **Unterstreiche im Text die deklinierbaren und die konjugierbaren Wörter in verschiedenen Farben.**

Im Laufe des Jahres gibt es noch viele weitere Feste, welche die Menschen gerne mit ihren Familien feiern. Zu Ostern verschenken sie bunte Eier und Schokoladenhasen, zum ersten Mai zieren Marienkäfer und Maikäfer in farbigem Stanniolpapier den Tisch. An Halloween tragen die Kinder gruselige Kostüme und bekommen Süßigkeiten, wenn sie von Haus zu Haus gehen.

Unflektierbare Wortarten

1 VERSTEHEN

Manche Wortarten kann man nicht flektieren (beugen).
Dazu gehören:

- Adverbien
  oben, draußen, links, damals, immer
- Präpositionen
  in, auf, zu, hinter, vor, unter
- Konjunktionen
  und, weil, obwohl, sodass, damit
- Interjektionen
  Aua!, Buh!, Hurra!

2 ÜBEN

1 Versuche, einen zusammenhängenden Text zu gestalten, in dem du zu jeder der oben aufgeführten Wortarten eines der genannten Beispielwörter verwendest.

....

....

....

....

2 Blättere auf die Seiten mit dem Glossar (ab Seite 219) und informiere dich über Adverbien, Präpositionen, Konjunktionen und Interjektionen.

3 Fülle den Lückentext mit den richtigen Formen der folgenden Wörter sinnvoll aus. Unterstreiche danach alle unflektierbaren Wörter im Text.

ganz – dafür – alle – in – Mumie – aus – können – ganz

Jedes Jahr gibt es .... der Schule eine Halloweenparty.

Im letzten Jahr hatte sich Nils als .... verkleidet.

Seine Mutter hatte ihm .... ziemlich viele Mullbinden gegeben, mit denen er Arme, Beine und den .... Körper umwickeln .... Am Ende sah er .... schön gruselig .... Aber den Kostümwettbewerb gewann sein Freund Max, der als Vampir auftrat und .... einen gehörigen Schrecken einjagte.

3 KÖNNEN

TEST **Trage alle konjugierten, deklinierten und nicht flektierbaren Wörter des Textes in ihrer Grundform in eine Tabelle ein (nenne jedes Wort nur einmal). Schreibe in dein Heft.**

Ein Fest, das sich zumindest in einigen Gegenden großer Beliebtheit erfreut, ist der Karneval. Manchmal wird er auch als „Fünfte Jahreszeit" bezeichnet. Kinder, aber auch erwachsene Menschen, lieben es, Kostüme anzuziehen und ausgelassen zu feiern. In einigen Städten gibt es sogar große Karnevalsumzüge mit geschmückten Wagen, von denen Bonbons und Süßigkeiten in die Menge geworfen werden.

konjugiert	dekliniert	nicht flektierbar

1.2 Das Nomen / Substantiv (Hauptwort)

Was sind Nomen?

1 VERSTEHEN

Wichtige Regel: Nomen werden **immer großgeschrieben**.

Es gibt Nomen, die **Konkreta** heißen. Sie bezeichnen
- Gegenstände (Tisch, Schere, Auto ...)
- Lebewesen (Mann, Hund, Sonnenblume ...)
- Eigennamen (Peter, Berlin, England ...)

Es gibt Nomen, die **Abstrakta** heißen. Sie bezeichnen
- Gefühle und Gedanken (Glaube, Liebe, Hoffnung ...)
- Eigenschaften (Schönheit, Gewicht, Größe ...)
- Vorgänge und Zustände (Fahrt, Reparatur, Stille, Hitze ...)

Jedes Nomen hat ein grammatisches Geschlecht (**Genus**):
- **Maskulinum** (männlich), z. B. der Hund, der Mond, der Regen
- **Femininum** (weiblich), z. B. die Katze, die Sonne, die Frau
- **Neutrum** (sächlich), z. B. das Schwein, das Wasser, das Heft

Hinweis: Das grammatische Geschlecht stimmt nicht immer mit dem natürlichen überein (z. B. das Mädchen → Neutrum).
- Im Deutschen wird das grammatische Geschlecht durch den **Artikel** angezeigt: **der, die oder das**.

Nomen sind **flektierbar/deklinierbar**. Sie können im **Singular** (Einzahl) oder im **Plural** (Mehrzahl) stehen (**Numerus**). In einem Satz stehen Nomen in einem bestimmten **Kasus** (Fall): **Nominativ, Genitiv, Dativ oder Akkusativ**.

Die Anpassung an Kasus, Numerus und Genus nennt man Deklination. Der Artikel wird ebenfalls dekliniert.

Numerus	Singular (Einzahl) Plural (Mehrzahl)	der Mensch – die Menschen die Katze – die Katzen das Beispiel – die Beispiele
Kasus (Singularformen)	**Nominativ** (wer/was?) **Genitiv** (wessen?) **Dativ** (wem?) **Akkusativ** (wen/was?)	**der Hund – die Katze – das Kamel** **des Hundes – der Katze – des Kamels** **dem Hund – der Katze – dem Kamel** **den Hund – die Katze – das Kamel**

Kasus (Pluralformen)	**Nominativ** (wer/was?) **Genitiv** (wessen?) **Dativ** (wem?) **Akkusativ** (wen/was?)	**die Hunde – die Katzen – die Kamele** **der Hunde – der Katzen – der Kamele** **den Hunden – den Katzen – den Kamelen** **die Hunde – die Katzen – die Kamele**

2 ÜBEN

1 Unterstreiche alle Nomen, die im Plural stehen.

Die Heinrich-Heine-Schule ist ein großes Gymnasium in unserer Stadt, an dem fast tausend Schülerinnen und Schüler von mehr als sechzig Lehrkräften unterrichtet werden. Neben zahlreichen Klassenzimmern sind viele weitere Unterrichtsräume für die verschiedenen Fächer vorhanden. Um die Verwaltung kümmern sich zwei Schulsekretärinnen. Es gibt auch zwei Hausmeister.

2 Schreibe alle Nomen aus dem Text von Aufgabe 1 in ihrer Nominativ-Singular-Form mit dem entsprechenden Artikel heraus und bestimme das jeweilige Genus.

3 Vervollständige die Formentabelle.

	Nominativ	Genitiv	Dativ	Akkusativ
Singular			dem Buch	
Plural		der Bücher		
Singular				den Stift
Plural				
Singular	die Tafel		der Tafel	
Plural				

TIPP Manchmal haben Nomen und Artikel in verschiedenen Fällen die gleiche Form. Um den **Kasus eines Nomens** zu erkennen, kann man die **Frageprobe** anwenden. Dafür verwendet man die folgenden **Fragewörter: wer oder was?** → **Nominativ**, **wessen**? → **Genitiv**, **wem**? → **Dativ**, **wen oder was**? → **Akkusativ**.

4 Bestimme Kasus und Numerus bei den unterstrichenen Wörtern, indem du die passende Frage formulierst. Schreibe in dein Heft.

a) Der Lehrer kommt in die Klasse.
b) Er begrüßt die Kinder.
c) Peter zeigt seinem Sitznachbarn das neue Heft.
d) Die Stifte liegen auf dem Tisch.
e) Der Titel des Buches steht an der Tafel.

5 Setze die folgenden Nomen in die richtige Lücke ein. Bilde jeweils die passende deklinierte Form mit Artikel und bestimme sie genau, indem du eine Frage formulierst. Schreibe die Frage und die Bestimmung der Form in dein Heft.

Flügel, Publikum, Schülerinnen, Konzert
Beispiel: Die Musiklehrerin leitet den Schulchor.

Wen oder was leitet die Musiklehrerin?
(Maskulinum, Singular, Akkusativ)

a) Sie bereitet .... für Weihnachten vor.

b) .... muss vorher auf jeden Fall noch einmal gestimmt werden.

c) Die Aufregung .... ist groß.

d) Der Direktor wird .... in der Aula begrüßen.

TIPP

Nomen werden manchmal aus **anderen Wortarten** gebildet. Man nennt das **Substantivierung**. Besonders häufig sind Substantivierungen von Verben.

Das Singen macht Spaß. Die Schüler lieben das Musizieren.

6 **Schreibe aus den Beispielsätzen des Tipps die substantivierten Verben heraus und bestimme Genus, Numerus und Kasus. Schreibe in dein Heft.**

3 KÖNNEN

TEST **In diesem Text sind nur die Satzanfänge großgeschrieben. Finde und unterstreiche alle Nomen. Schreibe den Text mit der richtigen Groß- und Kleinschreibung in dein Heft. Unterstreiche die substantivierten Verben in einer zweiten Farbe und bestimme deren Form (Genus, Numerus und Kasus).**

Gestern wurde in der aula unserer schule ein theaterstück aufgeführt. Der titel des stücks war „wilhelm tell – das musical“. Es war eine veränderte fassung des berühmten dramas von friedrich schiller, die sich die schülerinnen und schüler der fünften und sechsten jahrgangsstufe zusammen mit ihrem deutschlehrer und der musiklehrerin ausgedacht hatten. Es gab viele lustige, bunte szenen und phantasievolle kostüme. Das singen und theaterspielen hat allen mitwirkenden sehr viel spaß gemacht. Bei zahlreichen proben hatten die mädchen und jungen ihre rollen gründlich einstudiert und das sprechen, singen und tanzen immer wieder geübt. Der lohn für ihre anstrengung war der beifall des publikums, das von der vorstellung begeistert war. In dieser woche wird noch eine aufführung stattfinden, für die es noch karten gibt. Also kommt mit euren eltern vorbei, falls ihr das stück gerne sehen wollt.

1.3 Der Artikel

Bestimmte und unbestimmte Artikel

1 VERSTEHEN

Artikel (Geschlechtswörter) sind **Begleiter des Nomens**. Sie stehen immer vor dem Nomen. Man unterscheidet **bestimmte Artikel (der, die, das)** und **unbestimmte Artikel (ein, eine)**.

Artikel werden **dekliniert** und stimmen in Kasus, Genus und Numerus mit dem Nomen, das sie begleiten, überein.

Bestimmte Artikel	**Genus (Geschlecht)**					
	Maskulinum		**Femininum**		**Neutrum**	
Kasus (Fall)	**Sg.**	**Pl.**	**Sg.**	**Pl.**	**Sg.**	**Pl.**
Nominativ (1. Fall)	der	die	die	die	das	die
Genitiv (2. Fall)	des	der	der	der	des	der
Dativ (3. Fall)	dem	den	der	den	dem	den
Akkusativ (4. Fall)	den	die	die	die	das	die

Unbestimmte Artikel	**Genus (Geschlecht)**		
Kasus (Fall)	**Maskulinum**	**Femininum**	**Neutrum**
Nominativ (1. Fall)	ein	eine	ein
Genitiv (2. Fall)	eines	einer	eines
Dativ (3. Fall)	einem	einer	einem
Akkusativ (4. Fall)	einen	eine	ein

Bestimmte Artikel werden verwendet, wenn man über Bestimmtes oder Bekanntes spricht:

> **Der Mann auf der anderen Straßenseite ist mein Nachbar.**
> **Die Jeans, die ich heute anhatte, ist sehr schlammig geworden.**

Unbestimmte Artikel werden verwendet, wenn man über Unbestimmtes oder Unbekanntes spricht:

> **Als der Unfall geschah, stand eine Frau auf der anderen Straßenseite und konnte alles sehen.**
> **Ich kaufe mir morgen eine Jeans.**

2 ÜBEN

1 **In dieser Wortschlange sind Nomen versteckt. Schreibe die Wörter mit ihren Artikeln, sortiert nach Genus.**

NIEFAMILIEMEHRMANNTISCHMEINUNGMUTIGMUTHUNDESSEN
SCHÖNDERHAUSMEINFLUSSSOARBEIT SEITIMMERZIMMERVERKAUFEN
BABYAUFBEVORVIELE BEWUNDERNBEGLEITENUNDSTADTWENNABER
KATZEERDUERFAHRUNGINAUTO

....

....

....

....

....

....

TIPP

Im Satzzusammenhang sind die Artikel manchmal mit anderen Wörtern verschmolzen:
im / in dem, am / an dem, ins / in das, ans / an das

2 **Schreibe zu den Nomen jeweils den passenden bestimmten und unbestimmten Artikel auf. Bei den Nomen im Plural kannst du nur den bestimmten Artikel ergänzen.**

.... Vater	.... Väter
.... Mutter	.... Mütter
.... Kind	.... Kinder

❸ Vervollständige die Tabellen.

	Singular, bestimmter Artikel	Plural, bestimmter Artikel	Singular, unbestimmter Artikel
Nominativ		*die Mäuse*	
Genitiv			
Dativ			
Akkusativ			*eine Maus*

	Singular, bestimmter Artikel	Plural, bestimmter Artikel	Singular, unbestimmter Artikel
Nominativ			
Genitiv			
Dativ			*einem Mädchen*
Akkusativ			

	Singular, bestimmter Artikel	Plural, bestimmter Artikel	Singular, unbestimmter Artikel
Nominativ	*die Übung*		
Genitiv			
Dativ			
Akkusativ			

3 KÖNNEN

TEST **a) Unterstreiche die bestimmten und unbestimmten Artikel in unterschiedlichen Farben. Achte dabei auf „versteckte" Artikel (Präposition plus Artikel).**

Laura mag ihre Familie wirklich sehr gern. Die Familie ist wichtig. Laura ist glücklich, dass sie eine Schwester und einen Bruder hat. Jedenfalls meistens. An manchen Tagen jedoch wünscht sie sich, dass sie ein Einzelkind wäre, so wie ihre Freundin Katharina. Dann müsste sie sich nicht über das Verhalten ihrer Schwester ärgern, so wie am letzten Sonntag, als diese sich einfach das schöne Buch ausgeliehen hat, das Laura von Onkel Karl zum Geburtstag bekommen hat. Oder über das spöttische Lachen ihres Bruders, dem seine Freunde in der Schule erzählt haben, dass sie angeblich in einen Jungen aus der achten Klasse verliebt sei. Das stimmt natürlich überhaupt nicht. Die Geschichte hat ein Mädchen aus der Parallelklasse in die Welt gesetzt, um Laura zu ärgern. Aber oft, wenn die ganze Familie gemeinsam am Abendbrottisch sitzt, so wie heute, dann denkt Laura: „Gut, dass ihr alle da seid. Ohne die Familie wäre das Leben nur halb so schön."

b) Schreibe die ersten acht Artikel mit ihren Nomen in dein Heft und bestimme die Form (Genus, Numerus, Kasus).

1.4 Das Adjektiv (Eigenschaftswort)

Was sind Adjektive?

Adjektive werden auch Eigenschaftswörter genannt, denn sie bezeichnen meist **Merkmale und Eigenschaften eines Nomens** (attributiver Gebrauch) und werden mit diesem dekliniert (in Genus, Numerus, Kasus angepasst):

der hungrige Löwe, die zierliche Antilope, das große Krokodil

	Nominativ	Genitiv	Dativ	Akkusativ
Singular	der **hungrige** Löwe	des **hungrigen** Löwen	dem **hungrigen** Löwen	den **hungrigen** Löwen
Plural	die **hungrigen** Löwen	der **hungrigen** Löwen	den **hungrigen** Löwen	die **hungrigen** Löwen
Singular	die **schnelle** Antilope	der **schnellen** Antilope	der **schnellen** Antilope	die **schnelle** Antilope
Plural	die **schnellen** Antilopen	der **schnellen** Antilopen	den **schnellen** Antilopen	die **schnellen** Antilopen
Singular	das **neugierige** Zebra	des **neugierigen** Zebras	dem **neugierigen** Zebra	das **neugierige** Zebra
Plural	die **neugierigen** Zebras	der **neugierigen** Zebras	den **neugierigen** Zebras	die **neugierigen** Zebras

Adjektive können auch Verben näher bestimmen (adverbialer Gebrauch), dann bleiben sie undekliniert und werden nicht verändert:

Der Löwe ist hungrig. Die Antilope läuft schnell davon. Das Zebra kommt neugierig näher.

Manchmal kann ein Adjektiv auch ein Partizip oder ein anderes Adjektiv näher bestimmen:

der laut brüllende Löwe, das tief schlafende Krokodil, die außergewöhnlich schnelle Antilope

Adjektive geben an, wie etwas ist oder geschieht. Mit Adjektiven kannst du Texte **anschaulicher und interessanter** gestalten.

❶ In der Wortschlange haben sich einige Adjektive versteckt. Kannst du sie alle finden? Unterstreiche die Adjektive.

kleinmitaberlebhaftoderruhigoftrennensichseinriesigfortwinzigfrech

ausgefährlichdannwiederlustigfliegenschlaufreiuntermüdesogroß

❷ Zu vielen Adjektiven lassen sich Gegensatzpaare bilden. Suche zu den unten aufgeführten Adjektiven immer den gegenteiligen Begriff.

gut – ...., lebendig – ...., mutig – ....,

hoch – ...., schwarz – ...., hungrig – ....,

schnell – ...., hell – ...., traurig – ....,

selten – ...., billig – ...., bunt – ....,

eckig – ...., arm – ...., dumm – ...., ...

❸ Schreibe weitere Gegensatzpaare in dein Heft. Suche mindestens fünf solcher Paare.

❹ Vervollständige die Tabelle.

	Singular	Plural	Singular	Plural
Nominativ		die frechen Affen		
Genitiv				
Dativ				
Akkusativ			die graue Maus	

TIPP

Das **Partizip** ist ein Mittelwort zwischen Verb und Adjektiv. Man unterscheidet **Partizip Präsens** (rennend, lachend …) und **Partizip Perfekt** (gerannt, gelacht …). Partizipien werden einerseits ähnlich wie Adjektive verwendet, z. B.: *der rennende Hund, das dressierte Pferd*. Andererseits wird das Partizip Perfekt zur Bildung bestimmter Verbformen gebraucht, z. B. im Perfekt, Plusquamperfekt oder Passiv: *Der Hund ist/war gerannt. Das Pferd wird dressiert.*

5 Finde und unterstreiche die Adjektive im Text.

Am letzten Sonntag waren Nils und seine jüngere Schwester Lina mit ihrer netten Tante Karin im Zoo. Das Wetter war sehr schön und an der Kasse stand eine lange Schlange. Die ungeduldigen Kinder konnten es kaum abwarten, bis sie durch das riesige Eingangstor in den Zoo gehen durften. Als erstes wollten sie das berühmte Affenhaus sehen. Besonders die frechen und lustigen Schimpansen hatten es ihnen angetan. Aber auch der alten Gorilladame, die mit ernstem Gesichtsausdruck eine frische Banane verzehrte, schauten sie eine Weile zu. Danach gingen sie weiter zu dem neuen Eisbärgehege, um den kleinen Eisbären Knut zu bewundern, der vor drei Monaten im Zoo geboren wurde. Alle großen Zeitungen und auch das Fernsehen hatten darüber berichtet. Nachdem sie noch viele andere exotische Tiere gesehen hatten, fuhren Nils, Lina und Tante Karin am frühen Abend müde, aber glücklich mit dem Bus wieder nach Hause.

6 Schreibe die fünf Adjektive in dem obigen Text, *welche die Zootiere beschreiben*, mit dem dazugehörigen Nomen (und Artikel) heraus und bestimme Numerus und Kasus. Schreibe in dein Heft.

TEST **Setze die Adjektive und Nomen in der passenden Form (und mit dem bestimmten oder unbestimmten Artikel) ein und bestimme Numerus und Kasus.**

a) Die größte Attraktion im Zoo ist das neugeborene Elefantenbaby/Sg. Nominativ (neugeboren, Elefantenbaby), das .... / .... (neugierig, Zuschauer) viel Freude bereitet.

b) Bei der Fütterung werfen die Tierpfleger .... / .... (hungrig, Seehunde) die Fische zu.

c) .... / .... (schwer, Eisbär) ist trotz seines Gewichts .... / .... (hervorragend, Schwimmer).

d) .... / .... (putzig, Pinguine) sehen die Leute, die .... / .... (berühmt, Zoo) besuchen, immer wieder gerne.

e) Das Gehege .... / .... (afrikanisch, Elefanten) befindet sich in diesem Zoo am Ende .... / .... (breit, Hauptweg).

Komparation (Steigerung) der Adjektive

1 VERSTEHEN

Die meisten Adjektive lassen sich steigern, zum Beispiel:

groß – größer – am größten

Dadurch kann man Dinge, Lebewesen und Sachverhalte miteinander vergleichen:

Der Wolf ist stark, der Tiger ist stärker, der Elefant ist am stärksten.

Die **Vergleichsstufen** heißen:

Positiv (Grundform)
(so/genauso) groß (wie)
Max ist genauso groß wie Anke.
Komparativ (1. Steigerungsstufe)
größer (als)
Peer ist größer als Monika.
Superlativ (2. Steigerungsstufe)
am größten, der/die/das größte
Kai ist am größten.

Es gibt einige Adjektive, bei denen zum Steigern der **Wortstamm gewechselt** wird:

gut – besser – am besten,
viel – mehr – am meisten.

Manche Adjektive können **nicht gesteigert** werden und kommen nur im Positiv vor, z. B.: **fertig, englisch, gelb**.

TIPP

Das Prinzip der Steigerung von Adjektiven wird nicht nur durch die Komparation erreicht, sondern manchmal auch durch die Voranstellung eines Wortelements (Präfix) vor das Adjektiv, zum Beispiel:

dunkel → stockdunkel,
schwarz → pechschwarz.

2 ÜBEN

1 Vervollständige die Tabelle.

Positiv	Komparativ	Superlativ
hoch		
	weiter	
nah		
		am niedrigsten

2 Finde die gegensätzlichen Adjektive und schreibe sie im Komparativ auf.

sauer	*süßer*	einfach		tief	
eckig		alt		hell	
hässlich		klein		leise	
teuer		satt		häufig	

3 Finde die passenden Adjektive und schreibe sie im Superlativ auf (am …).

Kraft	*am kräftigsten*	Klugheit	
Ruhe		Eile	
Gefahr		Sport	

4 Formuliere jeweils drei Vergleichssätze mit Positiv, Komparativ und Superlativ des angegebenen Adjektivs.

Rabe – Schwan – Strauß (groß):

Der Rabe ist .... Der Schwan ist ....

Der Strauß ist ....

Schwein – Elefant – Wal (schwer):

....

....

Zebra – Antilope – Gepard (schnell):

....

....

Wildschwein – Wolf – Tiger (gefährlich):

....

....

5 Versuche, die folgenden Adjektive durch passende Präfixe zu steigern.

.... kalt

.... gefährlich

.... schwarz

.... alt

.... groß

6 Hier sprechen einige Schulkinder über ihren Besuch im Zoo. Setze Komparative und Superlative ein.

Tim: Ich habe einen großen Bären beobachtet.
Anna: Ich habe einen größeren Bären entdeckt.
Ben: Ich habe den größten Bären gesehen.

a) Lina: Ich habe viele Tiere fotografiert.

Kerstin: Ich habe .... Tierbilder als ihr.

Paul: Ich habe .... Fotos gemacht.

b) Clara: Mir hat es im Affenhaus gut gefallen.

Max: Ich fand das Aquarium ....

Ole: .... war es bei der Raubtierfütterung.

TIPP

Wenn man sich nicht sicher ist, ob es sich bei einem Wort um ein Adjektiv handelt, kann man die Einsetzprobe anwenden. Das betreffende Wort muss zwischen einem Begleiter (Artikel) und einem Nomen stehen können.
Das Wort „lustig" ist ein Adjektiv, weil wir „der lustige Scherz" sagen können.

7 Unterstreiche die Adjektive, die sich nicht steigern lassen. Wähle drei Adjektive aus, von denen du einen Komparativ und Superlativ bilden kannst, und schreibe die Formen auf.

warm – wild – schriftlich – bitter – tot – hübsch – köstlich – blau – scharf – ängstlich – ungeschickt – spanisch – mutig – mündlich

....

....

8 Jetzt hast du einige Übungen zu den Adjektiven und den Steigerungsformen gemacht. Welche Funktion haben die Adjektive?

....

....

....

....

....

....

....

....

3 KÖNNEN

TEST **Suche die Adjektive heraus und markiere die unterschiedlichen Vergleichsstufen (Positiv, Komparativ, Superlativ) in verschiedenen Farben.**

Einer der berühmtesten Zoos in Deutschland ist der beliebte Tierpark Hagenbeck in Hamburg, der im Jahr 1907 eröffnet wurde. Einen schöneren Zoo findet man selten. Bei spannenden Rundgängen können die interessierten Besucher die zahlreichen Tiere bewundern; die Gehege und Anlagen sind weitläufiger und moderner ausgestattet als in den meisten Zoos. Hier lebt eine der größten Elefantenherden Europas. Die Fütterung der asiatischen Elefanten zieht täglich viele begeisterte Gäste an. Besonders hervorzuheben ist auch die neue Eismeeranlage mit modernster Kälte- und Wassertechnik, in der durch riesige Panoramascheiben majestätische Eisbären, lebhafte Pinguine, Seebären und Walrosse aus nächster Nähe beobachtet werden können. Einer der bekanntesten Bewohner des Tierparks war das kolossale Walross Antje, das viele Jahre lang das Wahrzeichen des Norddeutschen Rundfunks war. Auch heute ist der erfolgreiche Tierpark oft im Fernsehen präsent, als regelmäßiger Gastgeber der interessanten NDR-Fernsehserie „Leopard, Seebär & Co.“. Wenn ihr in den Ferien einmal nach Hamburg kommt, könnt ihr mit euren Eltern vielleicht diesen hervorragenden Tierpark besuchen.

1.5 Das Verb (Tätigkeitswort)

Was sind Verben?

Verben drücken **Handlungen, Vorgänge oder Zustände** aus.
Die Grundform eines Verbs endet auf *-en* oder *-n* und heißt **Infinitiv** (z. B. *singen*). Verben sind flektierbar, genauer gesagt konjugierbar.

Die **Konjugation** ist die Anpassung an **Person und Numerus** (*wer?*), **Tempus** (*wann?*), **Modus** und **Genus Verbi** (*Umstände der Handlung, Wirklichkeit/Möglichkeit, Aktiv/Passiv*). Konjugierte Formen werden als **finite Verbformen** bezeichnet.

Person und Numerus	1., 2., 3. Person Singular	**ich singe** **du singst** **er / sie / es singt**
	1., 2., 3. Person Plural	**wir singen** **ihr singt** **sie singen**
Tempus	Präsens (Gegenwart) Präteritum (1. Vergangenheit) Perfekt (2. Vergangenheit) Plusquamperfekt (3. Vergangenheit) Futur I (1. Zukunft) Futur II (2. Zukunft)	**ich singe** **ich sang** **ich habe gesungen** **ich hatte gesungen** **ich werde singen** **ich werde gesungen haben**
Modus	Indikativ (Wirklichkeitsform) Konjunktiv (Möglichkeitsform) Imperativ (Befehlsform)	**wir singen** **wir sängen** **singt!**
Genus Verbi	Aktiv Passiv	**er singt** **es wird gesungen**

2 ÜBEN

1 **Trage die Verben aus dem Text in ihrer Grundform (Infinitivform) in drei verschiedene Spalten ein. Unterscheide dabei, ob es sich deiner Meinung nach um Verben handelt, die Handlungen, Vorgänge oder Zustände ausdrücken.**

Vor 5000 Jahren entstand in Ägypten eine der größten Kulturen der Antike. Die Ägypter glaubten daran, dass sie auch nach dem Tode weiterleben würden. Während sie selbst in einfachen Lehmhütten wohnten, bauten sie ihren Pharaonen riesige Gräber, wie etwa die Pyramiden. Reich behängten sie die toten Pharaonen mit Gold und füllten die Gräber mit Statuen sowie anderen kostbaren Gegenständen, die Symbole ihres Glaubens und ihrer Macht waren.

Handlungen	Vorgänge	Zustände

2 **Schreibe die Lösung dieser Übung in dein Heft. Durch Veränderungen der Verbform (Tempus, Modus, Aktiv oder Passiv) kann die Aussage eines Satzes gezielt verändert werden. Formuliere folgenden Satz so um, dass …**

a) betont wird, wer die Pyramiden besucht (Aktiv);
b) die Touristen aufgefordert werden, die Pyramiden zu besuchen (Imperativ);
c) ausgesagt wird, dass die Besuche der Touristen schon vor vielen Jahren stattfanden (Tempus: Präteritum);
d) ausgesagt wird, dass es schade wäre, wenn die Besuche der Touristen nicht möglich wären (Modus: Konjunktiv).

Die berühmten Pyramiden am Westufer des Nils bei Gizeh werden von Touristen aus aller Welt besucht.

3 Unterstreiche jeweils das Wort einer Reihe, von dem du glaubst, dass es kein Verb in der Grundform ist.

a) teilen – schenken – bienen – dienen
b) blühen – rosen – wachsen – düngen
c) aufhören – aufgaben – aufzählen – aufsetzen
d) freuen – frieren – feuern – frauen
e) menschen – menscheln – tänzeln – tanzen
f) verwalten – beeiden – beamten – schwören

4 Suche aus dem Buchstabenfeld sechs verschiedene Verben in ihrer Grundform heraus.

S	A	N	D	R	E	D	E	N
A	E	J	O	U	M	R	E	A
G	U	H	G	F	Z	G	A	M
E	X	I	E	E	A	F	F	E
N	Ä	H	E	N	O	M	E	N

5 Suche zu den folgenden Wörtern jeweils ein Verb, das zur selben Wortfamilie gehört und schreibe den Infinitiv auf.

a) Getränk – *trinken*

b) Befehl – ....

c) ruhig – ....

d) Schwimmbad – ....

e) Gang – ....

f) pflegeleicht – ....

g) Richter – ....

h) Schraube – ....

3 KÖNNEN

TEST **Setze die korrekt konjugierten Verbformen ein. Du kannst sie über den Textzusammenhang (Kontext) erschließen. Manchmal sind mehrere Möglichkeiten richtig. Entscheide dich für eine.**

Jede Pyramide .... das Grab eines Pharao (sein).

Das Bauwerk .... Ruhm und Glanz seiner Herrschaft (symbolisieren).

Die kostbaren Grabbeigaben .... zugleich vor Räubern .... (schützen).

Du .... bestimmt schon einmal den Namen der größten Pyramide .... (hören).

Ihr Erbauer .... Cheops (heißen).

Neben ihr .... auch in ferner Zukunft noch die Pyramiden seines Sohnes Chefren und seines Enkels Mykerinus .... (stehen).

Person und Numerus bei Verben

1 VERSTEHEN

Person und Numerus sind davon abhängig, **wer** oder **was** etwas tut (bzw. mit wem oder was etwas geschieht).

Numerus: Man unterscheidet zwischen **Singular** (Einzahl) und **Plural** (Mehrzahl).

Singular: Hunefer **reitet** auf einem Kamel.
Plural: Hunefer und Nefertari **reiten** auf einem Kamel.

Person: Man unterscheidet die **1. Person**, die **2. Person** und die **3. Person**, jeweils im Singular und im Plural.
Die **Personalpronomen** lauten: *ich*, *du*, *er/sie/es*, *wir*, *ihr*, *sie*.

	Singular (Sg.)	Plural (Pl.)
1. Person	ich trink**e**	wir trink**en**
2. Person	du trink**st**	ihr trink**t**
3. Person	er/sie/es trink**t**	sie trink**en**

Mit dem Wort **Person** ist die **grammatische Person** gemeint, also nicht nur „echte" Personen, sondern auch **Tiere, Pflanzen, Dinge, Abstrakta**:

Hunefer ist ein ägyptischer Junge.
→ Er ist ein ägyptischer Junge. (Person)

Sein Kamel ist genügsam.
→ Es ist genügsam. (Tier)

Der Sand ist heiß.
→ Er ist heiß. (Ding)

Die Hitze macht ihm nichts aus.
→ Sie macht ihm nichts aus. (Abstraktum)

TIPP

Abstrakta (Sg. Abstraktum) bezeichnen nicht dingliche/gegenständliche/greifbare Erscheinungen (**Ruhe, Liebe, Dummheit, Freundschaft, Verstand, Seele** ...). **Konkreta** (Sg. Konkretum) bezeichnen dagegen etwas Dingliches, etwas, das berührt oder sinnlich wahrgenommen werden kann (**Mensch, Hund, Baum, Berg, Hunefer** ...).

1 Fülle die Tabelle aus.

fliegen	Sg.	Pl.
1. Pers.	*ich fliege*	
2. Pers.		
3. Pers.		
fragen	Sg.	Pl.
1. Pers.		
2. Pers.		
3. Pers.	*sie fragt*	

reden	Sg.	Pl.
1. Pers.		*wir reden*
2. Pers.		
3. Pers.		
hüpfen	Sg.	Pl.
1. Pers.		
2. Pers.		
3. Pers.		

2 Bestimme die folgenden Verbformen und füge den Infinitiv hinzu.

Beispiel: *er/sie/es fragt – 3. Pers. Sg. (fragen)*

a) du streitest ....

b) sie rufen ....

c) ich renne ....

d) er malt ....

e) ihr haltet ....

f) wir denken ....

3 Schreibe den Text in dein Heft und setze dabei die richtigen Formen der eingeklammerten Verben ein. Bestimme diese Verbformen.

In Ägypten (*stehen*) heute noch sehr viele Pyramiden. Sie (*dienen*) als Grabstätten, in denen die Mumien von Pharaonen (*beigesetzt werden*). (*Wollen*) du auch einmal ins Land der Pyramiden fliegen?

4 Schreibe die Verbformen heraus und bestimme sie. Schreibe in dein Heft.

Ein junger Ägypter erzählt: „Wir in Kairo haben ein großes Problem. Unsere Hauptstadt platzt aus allen Nähten, denn dort und um sie herum leben mehr als 22 Millionen Menschen. Ihr müsst euch das einmal vorstellen! Die ägyptischen Behörden erwarten eine weitere Vergrößerung der Einwohnerzahl. Deswegen plant die Regierung angeblich den Bau einer neuen Hauptstadt. Ich bin gespannt, was daraus wird."

TIPP

Zusätzlich zu der Anrede mit dem Personalpronomen „*du*" (2. Ps. Sg.) oder „*ihr*" (2. Ps. Pl.) gibt es die **Höflichkeitsanrede mit „Sie"** (Sg./Pl.).
Dabei muss das Pronomen großgeschrieben werden.

5 Forme die folgenden Ratschläge in die Höflichkeitsform mit „Sie" um. Achte auf die Großschreibung des Personalpronomens und passe die Verbformen an. Schreibe in dein Heft.

Du kannst auf einem Kreuzfahrtschiff den Nil bereisen. Du darfst keine antiken Gegenstände aus Ägypten ausführen. Innerhalb der Ausgrabungsstätten musst du auf den Wegen bleiben. In den Moscheen solltest du die Schuhe ausziehen. Wenn du auf die Menschen zugehst, findest du schnell Kontakt zu Einheimischen.

TEST **Setze die korrekt konjugierte Verbform ein und bestimme sie.**

Heute gehen / 1. Pers. Pl. (gehen) wir ins Reisebüro. Meine Eltern ..../........................ (wollen) unbedingt nach Ägypten fliegen.

„Ich ..../........................ (hassen) Flugreisen", nörgle ich.

„Du ..../........................ (wissen) doch gar nicht, wie schön es dort ..../........................ (sein)", .../........................ (erklären) Papa.

„Du ..../........................ (dürfen) auch auf einem Kamel reiten", .../........................ (sagen) meine Mutter. Genervt .... ich ..../........................ (vorschlagen): „Ihr ..../........................ (können) euch die Steintrümmer doch alleine anschauen."

„Wir ..../........................ (faulenzen) jeden zweiten Tag am Strand, in Ordnung?", .../........................ (versprechen) Papa. „Na gut", .../........................ (antworten) ich. „Eigentlich ..../........................ (freuen) ich mich schon auf die Reise."

1 VERSTEHEN

Überblick Tempora (Zeitformen)

Im Deutschen werden **sechs Tempora (Sg.: Tempus)** voneinander unterschieden.
Das **Präsens** wird verwendet, um **gegenwärtige Ereignisse oder Zustände** auszudrücken.
Das **Futur I** und das **Futur II** werden zur Darstellung **zukünftiger Ereignisse oder Zustände** eingesetzt.
Mit dem **Präteritum**, dem **Perfekt** und dem **Plusquamperfekt** können **vergangene Ereignisse oder Zustände** dargestellt werden.

Das Präsens (Gegenwart)

Das **Präsens** wird folgendermaßen gebildet:
Verbstamm + Personalendung, z. B. ich lach-e (Verbstamm + -e).

	Singular	Plural
1. Person	ich lache	wir lachen
2. Person	du lachst	ihr lacht
3. Person	er / sie / es lacht	sie lachen

Das Präsens wird gebraucht, um auszudrücken, dass

- **etwas gerade geschieht:**
  Die Sonne brennt vom Himmel herab. Hunefer sitzt unter einer Palme und isst Datteln.
- **etwas allgemeine Gültigkeit hat:**
  Das Dromedar gehört zu den Säugetieren. Der Nil ist 6671 Kilometer lang.
- **etwas regelmäßig oder wiederholt geschieht:**
  Hunefer und seine Geschwister holen zweimal täglich Wasser vom Brunnen.
- **etwas besonders spannend erzählt werden soll (szenisches Präsens):**
  Auf einmal reißt der Strom das Fischerboot mit sich.
- **etwas in der Zukunft geschieht** (diese Verwendung benötigt **Zeitangaben**, die auf die Zukunft verweisen).
  Übermorgen trifft eine Karawane an der Oase ein.
  Nächstes Jahr reist Hunefer mit den Händlern mit.

2 ÜBEN

1 Bilde mit den Personalendungen -t und -en aus den Nomen (Hauptwörtern) im Oval Verben im Präsens.

-t -en

....

....

....

....

....

Bitte
Freude
Ruf
Antwort
Dank

2 Was fällt dir auf, wenn du anschließend die exakte Verbform der Wörter aus Aufgabe 1 bestimmen willst?

....

....

....

....

3 Warum wird in den Sätzen das Präsens verwendet? Sieh dir als Hilfe auf Seite 38 nochmals an, wozu das Präsens gebraucht wird. Schreibe deine Begründung ins Heft.

a) Kleopatra zählt zu den bekanntesten Persönlichkeiten der Geschichte.
b) Ihr Leben wird immer wieder verfilmt.
c) Das Ägyptische Museum in Berlin zeigt eine Sonderausstellung zu Kleopatra.
d) Nächstes Jahr sieht man die Ausstellungsstücke in Paris.

❹ Ergänze die richtige Endung.

a) Ich geh.............. in den Tempel.

b) Er komm.............. aus Nubien am Obernil.

c) Ihr lern.............. die Hieroglyphen.

d) Du schreib.............. auf Papyrus.

e) Sie zieh.............. durch die Wüste.

f) Wir bau.............. ein Grabmal.

g) Er und ich reit.............. um die Wette.

❺ Forme alle Sätze des Textes, in dem beschrieben wird, wie die Ägypter Papyrus herstellen, in die 2. Person Plural Präsens um.

Um Papyrus herzustellen, schneiden sie das Mark der Papyrusstängel in bis zu vier Zentimeter breite Streifen. Sie legen diese leicht überlappend aneinander. Anschließend pressen sie zwei einander kreuzweise überlagernde Schichten dieser Streifen zu einem festen Blatt. Gleich darauf klopfen sie die Schichten mit einem glatten Stein zusammen. Danach trocknen sie die „Platte", die von der Klebekraft des stärkehaltigen Pflanzensafts zusammengehalten wird. Endlich können sie den Papyrus bemalen oder beschreiben. Viele dieser „Einzelplatten" verkleben sie zu ganzen Rollen.

....

....

....

....

....

....

....

....

....

....

....

....

....

....

....

....

....

....

6 Welche Veränderungen ergeben sich durch den Umbau der Aufgabe 5?

....

....

....

....

TIPP

Bei einigen Verben können Präfixe (Vorsilben) am Anfang des Infinitivs hinzugefügt werden. Dadurch erhalten die Verben eine **andere Bedeutung**:

brennen – abbrennen, bauen – anbauen, teilen – zerteilen, stellen – umstellen, gehen – untergehen, fahren – heimfahren ...

Im Satz werden einige Präfixe vom eigentlichen Verb getrennt, andere nicht. Die Regel lautet: Wenn das Präfix im Infinitiv betont wird, ist es trennbar (z. B. ***auf****decken*), wenn es nicht betont wird, ist es nicht trennbar (z. B. *ent****deck****en*).

Beispiele:

Der Baumeister entdeckt die Lücke im Damm. Der Pharao deckt die Verschwörung auf.

Im letzten Satz gehört „auf" zum Verb, es bildet mit „deckt" die sogenannte **Verbklammer**.

7 Entscheide, ob das Verb in den Sätzen getrennt werden muss oder nicht, indem du die Präsensform in die Lücke einsetzt.

a) abstellen:

Der Bauer .... das Bewässerungsrad

....

b) aufstellen:

Der Pharao .... ein neues Heer

....

c) verstellen:

Hunefer .... seine Stimme beim

Spiel ....

3 KÖNNEN

TEST **Unterstreiche und bestimme die flektierte Form des Verbs (Person, Numerus, Tempus).**

a) Eine Nilkreuzfahrt kann sehr aufregend sein.

....

b) Wir wollen viele alte Bauwerke besichtigen.

....

c) Der Reiseleiter erklärt uns alles.

....

d) Seht ihr die große Pyramide?

....

e) Sie trägt den Namen von Cheops.

....

f) Diesen Pharao kennen alle.

....

g) Möchtest du das Tal der Könige sehen?

....

h) Ich interessiere mich sehr für Tutanchamun.

....

i) Der Tourismus ist wichtig für Ägypten.

....

Die Bildung der Vergangenheitsformen (Präteritum, Perfekt, Plusquamperfekt)

1 VERSTEHEN

Es gibt **schwache und starke Verben**.

Bei starken Verben **verändert sich der Stammvokal**, bei schwachen Verben **nicht**.

Präteritum – bei **schwachen Verben**:
Verbstamm + te + Personalendung

	Singular		Plural	
1. Pers.	Verbstamm + **te**	ich lach**te**	Verbstamm + **te-n**	wir lach**ten**
2. Pers.	Verbstamm + **te-st**	du lach**test**	Verbstamm + **te-t**	ihr lach**tet**
3. Pers.	Verbstamm + **te**	er / sie / es lach**te**	Verbstamm + **te-n**	sie lach**ten**

Präteritum – bei **starken Verben**:
Stammvokalaustausch (+ Personalendung)

	Singular		Plural	
1. Pers.	Vokalaustausch	ich n**a**hm	Vokalaustausch + **en**	wir n**a**hm**en**
2. Pers.	Vokalaustausch + **st**	du n**a**hm**st**	Vokalaustausch + **t**	ihr n**a**hm**t**
3. Pers.	Vokalaustausch	er / sie / es n**a**hm	Vokalaustausch + **en**	sie n**a**hm**en**

Perfekt – Präsensform der Hilfsverben **haben/sein** + Partizip II des Verbs (zum Beispiel *gearbeitet* oder *gegangen*)

	Singular		Plural	
1. Pers.	haben + Partizip II	ich habe gearbeitet	haben + Partizip II	wir haben gearbeitet
2. Pers.		du hast gearbeitet		ihr habt gearbeitet
3. Pers.		er / sie / es hat gearbeitet		sie haben gearbeitet
	Singular		Plural	
1. Pers.	sein + Partizip II	ich bin gegangen	sein + Partizip II	wir sind gegangen
2. Pers.		du bist gegangen		ihr seid gegangen
3. Pers.		er / sie / es ist gegangen		sie sind gegangen

Plusquamperfekt – Präteritumsform der Hilfsverben **haben/sein** + Partizip II des Verbs (zum Beispiel *gearbeitet* oder *gegangen*)

	Singular		Plural	
1. Pers.	haben + Partizip II	ich hatte gearbeitet	haben + Partizip II	wir hatten gearbeitet
2. Pers.		du hattest gearbeitet		ihr hattet gearbeitet
3. Pers.		er/sie/es hatte gearbeitet		sie hatten gearbeitet
	Singular		Plural	
1. Pers.	sein + Partizip II	ich war gegangen	sein + Partizip II	wir waren gegangen
2. Pers.		du warst gegangen		ihr wart gegangen
3. Pers.		er/sie/es war gegangen		sie waren gegangen

2 ÜBEN

1 Setze die passenden Verbformen ein und vergleiche sie mit dem jeweiligen Infinitiv. Was fällt dir auf?

Die Steinblöcke für die Pyramiden .... (werden) in den Bergen westlich des Nils aus dem Fels geschlagen. Man .... (bringen) sie auf Flößen den Nil hinab. Männer .... (ziehen) sie auf Schlitten und Holzwalzen zum Bauplatz. Aufgeschichtete Erde bildete dann die Rampe bis zur Spitze der Pyramide. Über 20 000 Menschen arbeiteten gleichzeitig am Bau, nicht Sklaven, sondern angesehene Bürger, Bauern, Handwerker, denn sie .... (begreifen) es als eine Ehre, am Bau mitzuhelfen. Die Arbeit war sehr anstrengend, da die Ägypter zu dieser Zeit weder Rad noch Flaschenzug .... (kennen). Ein Meisterwerk war es auch, wie die Ägypter die vielen Arbeiter mit Nahrung versorgten.

2 Suche jeweils zehn Verben, deren Perfektform mit dem Hilfsverb *haben* und *sein* gebildet wird. Schreibe den Infinitiv und die Verbform in der 1. Pers. Pl. Perfekt auf.

Wo fällt es dir leichter, Beispiele zu finden?

Verben mit **haben**: *riechen / wir haben gerochen …*
Verben mit **sein**: *kriechen / wir sind gekrochen …*

Die Bildung der Vergangenheitsformen (Präteritum, Perfekt, Plusquamperfekt)

....

....

....

3 Bilde die Vergangenheitsformen (Präteritum, Perfekt, Plusquamperfekt) der folgenen Verben. Schreibe in dein Heft.

a) singen (1. Pers. Sg.)
b) laufen (2. Pers. Sg.)
c) wachsen (3. Pers. Sg. / es)
d) schwimmen (1. Pers. Pl.)
e) spielen (2. Pers. Pl.)
f) bringen (3. Pers.Pl.)

TEST **Verbinde die Verbform mit der passenden Bestimmung.**

sie bauten	1. Pers. Sg. Präteritum
wir haben gegessen	3. Pers. Sg. Präteritum
du hattest gewartet	3. Pers. Sg. Plusquamperfekt
sie sägte	1. Pers. Pl. Perfekt
du hast gehackt	2. Pers. Sg. Plusquamperfekt
er hatte geschnitten	2. Pers. Sg. Perfekt
ihr habt gefragt	3. Pers. Pl. Präteritum
ich faulenzte	2. Pers. Pl. Perfekt

1 VERSTEHEN

Der Gebrauch der Vergangenheitsformen

Das **Präteritum** wird überwiegend in schriftlichen Texten verwendet, zum Beispiel in **Berichten** oder **Erzählungen**. Es wird gebraucht, um auszudrücken, dass ein Vorgang in der Vergangenheit begonnen hat und auch in der Vergangenheit abgeschlossen wurde.

> **Als sie in der Oase ankamen, wurden sie von einigen Händlern begrüßt, die dort unter einer Dattelpalme saßen und Tee tranken.**

Das **Perfekt** wird häufig verwendet, wenn man mündlich von etwas Vergangenem berichtet oder erzählt. Es wird gebraucht, um auszudrücken, dass:

- ein Vorgang, der in der Vergangenheit begonnen hat, entweder selbst noch andauert oder seine Auswirkung bis in die Gegenwart reicht.

  > **Die Sanddünen sind Richtung Nildelta gewandert.**
  > **Im Geschichtsunterricht haben wir von der ägyptischen Hochkultur erfahren.**

- ein Ereignis zeitlich vor einem anderen stattgefunden hat, das in der Präsensform dargestellt wird.

  > **Hunefer sagt: „Ich weiß, wo die Karawane hinzieht, weil ich vorhin mit dem Karawanenführer gesprochen habe."**

Das **Plusquamperfekt** (Vorvergangenheit) wird gebraucht, um auszudrücken, dass:

- ein Ereignis zeitlich vor einem anderen Ereignis in der Vergangenheit stattgefunden hat, das im Präteritum oder Perfekt erzählt oder berichtet wird.

  > **Der Pharao fuhr mit seiner Barke von Gizeh nach Luxor. Zuvor hatten die Priester für einen günstigen Reiseverlauf gebetet.**
  > **Nachdem es im Quellgebiet des Nil wochenlang geregnet hatte, wurden die Felder am Ufer überschwemmt.**

1 Unterstreiche die Verbformen in der Vergangenheit, schreibe sie heraus und bestimme sie genau. Erläutere, warum welche Vergangenheit verwendet wurde. Arbeite in deinem Heft.

Um die Körper auch für die Ewigkeit nach dem Tode frisch zu halten, mumifizierten die Ägypter die toten Pharaos. Dadurch haben sie viele dieser alten Könige und Königinnen bis heute erhalten. Nachdem man die Körper mit Salböl behandelt hatte, umwickelte man sie mit Binden. Diesen Körpern entzog man durch Salz vor allem das Wasser, sodass sie noch heute als Mumien in Museen ausgestellt werden können.

2 Formuliere die Erzählung des Bauern mit den Perfektformen der gesprochenen Sprache in Schriftsprache mit Präteritumsformen um. Schreibe in dein Heft.

„Nach der Aussaat haben wir Schafe über die Äcker getrieben, damit sie die Körner eintraten. Bei der Ernte haben wir die Ähren mit Sicheln abgeschnitten und in Körbe und Netze geworfen. Die Körbe sind sehr groß gewesen, zwei Männer haben je einen an einem Stock befestigt und ihn so übers Feld getragen. In der Tenne haben dann die mit Rufen und Stöcken angetriebenen Ochsen oder Esel das Korn ausgetreten."

3 Entscheide, welche von den beiden Handlungen vor der anderen Handlung passiert ist, und verbinde die Sätze mit dem Wort „nachdem" oder „bevor". Schreibe die Sätze in dein Heft.

a) Sein Vater schenkte Hunefer ein Kamel. Hunefer konnte nun auf seinem eigenen Kamel zu der Oase reiten. (*nachdem*)
b) Die Lehmziegel trockneten in der Sonne und wurden hart. Man konnte sie zum Bauen von Häusern verwenden. (*nachdem*)
c) Die Bauern konnten Getreide und Gemüse ernten. Die Felder wurden mithilfe des Nils bewässert. (*bevor*)

TIPP Wird eine Geschichte im Präsens erzählt, steht eine vorzeitige Handlung im Perfekt, wird eine Geschichte im Präteritum erzählt, verwendet man für vorzeitige Handlungen das Plusquamperfekt.

4 Setze im richtigen Tempus ein und bestimme die Zeitstufe.

a) Nachdem die Tiere das Korn aus den Ähren

....(....................................)

(treten), *wirft* man das Getreide mit hölzernen Kellen in die Luft, um die Spreu von den Körnern zu trennen.

b) Nachdem die Bauern dem Herrn Proben des gesäuberten Korns zur Prüfung ....

(..) (vorlegen), *registrierte* man die Menge und brachte es zum Kornspeicher.

5 Setze das kursiv gedruckte Verb aus Aufgabe 4 b) ins Präsens. Wie muss das Verb in der Lücke geändert werden? Bestimme auch hier die Zeitstufe.

....

....

TEST **Fülle in den Lückentext jeweils das geeignete Verb in der passenden Vergangenheitsform ein. Bestimme die Form in der Klammer dahinter. Folgende Verben solltest du verwenden:**

wollen, anrichten, verloren gehen, werden, vermindern, verwüsten, stehlen, eindringen

Vieles von den Kunstschätzen ....

(...), da viele Könige die Gräber und

Statuen ihrer Vorgänger ....

(...). Sie ....

(...) damit die Erinnerung an sie

zerstören. Außerdem ....

Grabräuber viel ....

(...). Bevor sie in die Grabkammern

....(...),

.... sie durch die

Ausschachtungen große Schäden ....

(...). Bei einem Brand in der Bibliothek

von Alexandria ....

(...) viele der alten Schriften ein Raub

der Flammen. Alle diese Ereignisse ....

die Begeisterung für die ägyptische Kultur jedoch nicht

....(...).

1 VERSTEHEN

Bildung und Gebrauch der Zukunftsformen

Futur I: Präsensform des Hilfsverbs „**werden**" + Infinitiv des Verbs

	Singular		Plural	
1. Pers.	werden + Infinitiv	ich werde singen	werden + Infinitiv	wir werden singen
2. Pers.		du wirst singen		ihr werdet singen
3. Pers.		er/sie/es wird singen		sie werden singen

Futur II: Präsensform des Hilfsverbs „**werden**" + Partizip II des Verbs + Infinitiv des Hilfsverbs „**haben**"/„**sein**"

	Singular		Plural	
1. Pers.	werden + Partizip II + haben	ich werde gearbeitet haben	werden + Partizip II + haben	wir werden gearbeitet haben
2. Pers.		du wirst gearbeitet haben		ihr werdet gearbeitet haben
3. Pers.		er/sie/es wird gearbeitet haben		sie werden gearbeitet haben
	Singular		Plural	
1. Pers.	werden + Partizip II + sein	ich werde gegangen sein	werden + Partizip II + sein	wir werden gegangen sein
2. Pers.		du wirst gegangen sein		ihr werdet gegangen sein
3. Pers.		er/sie/es wird gegangen sein		sie werden gegangen sein

Das **Futur I** drückt aus, dass

- **ein Ereignis in der Zukunft stattfindet.**

  Wir werden unseren Urlaub in Ägypten verbringen.

  Wir werden in Kairo, der Hauptstadt Ägyptens, landen.

- **es sich um eine Vermutung oder Hoffnung handelt.**

  Wenn Papa auf einem Kamel reitet, wird ihm wohl schlecht werden. Hunefer hofft, dass sein Vater auch ihm ein Kamel kaufen wird.

TIPP

Manchmal wird auch das Präsens verwendet, wenn etwas in der Zukunft passiert. Dann zeigt eine passende Zeitangabe, dass die Handlung in der Zukunft geschehen wird, z. B.: „*Morgen* gehe ich in die Schule."

Das **Futur II** wird gebraucht, um auszudrücken, dass

- **ein Ereignis zu einem bestimmten Zeitpunkt in der Zukunft stattgefunden hat und beendet ist.**

  Beim nächsten Vollmond wird die Karawane bereits aufgebrochen sein. Morgen um diese Zeit werde ich meine Prüfung überstanden haben. Beim nächsten Kamelrennen wird Hunefers Vater sein neues Dromedar bereits eingeritten haben.

- **ein Ereignis zeitlich nach einem anderen stattgefunden haben wird, das in der Präsensform dargestellt wird.**

  Falls die Regenfälle am Oberlauf des Nils ausbleiben, wird die Ernte nächstes Jahr um diese Zeit vertrocknet sein.

- **es sich um eine Vermutung über Vergangenes handelt.**

  Sein Vater wird den Wunsch schon nicht vergessen haben.

---

2 ÜBEN

1 Setze ins Futur I (einfache Zukunft) und ins Futur II (vollendete Zukunft).

Dromedare speichern viel Wasser im Körper.

Dromedare werden viel Wasser im Körper speichern. (Futur I)

Dromedare werden viel Wasser im Körper gespeichert haben. (Futur II)

a) Dem Kot wird vor der Ausscheidung die meiste Flüssigkeit entzogen.

– ……………………………………………………………………

…………………………………………………………… (Futur I)

– ……………………………………………………………………

…………………………………………………………… (Futur II)

b) Der Rückenhöcker enthält Fettvorräte.

– ……………………………………………………………………

…………………………………………………………… (Futur I)

– ....

.... (Futur II)

c) Die Körpertemperatur von Dromedaren sinkt nachts stark ab.

– ....

.... (Futur I)

– ....

.... (Futur II)

❷ Bestimme die Verbformen in den wörtlichen Reden und erkläre kurz, warum hier eine Futurform verwendet wird. Schreibe in dein Heft.

a) Hunefer träumt: „Irgendwann werde ich Baumeister werden und die höchsten Pyramiden bauen."
b) Seine Schwestern Nefertari und Nephtis lachen: „Du wirst Datteln anbauen wie dein Vater auch."
c) Hunefer ist überzeugt: „In zwanzig Jahren werde ich Ägyptens schönstes Grabmal errichtet haben."
d) Nephtis weiß: „Auf jeden Fall werden wir alle zwanzig Jahre älter geworden sein."
e) Nefertari witzelt: „Wenn du ein berühmter Baumeister bist, wird Nephtis in die Pharaonenfamilie einheiraten."
f) Hunefers Mutter schimpft: „Ihr werdet sofort mit dem Blödsinn aufhören!"

3 KÖNNEN

TEST **Du kennst inzwischen alle Tempusformen. Unterstreiche alle flektierten Verben im Text, schreibe sie aus dem Text heraus und bestimme Person, Numerus und Tempus.**

Das Kamel ist in der Wüste ein wichtiges Nutztier. Seit vielen Jahrhunderten haben die Menschen, die dort wohnen, Kamele als Reittiere oder für den Transport von Lasten eingesetzt. Händler und andere Reisende konnten mit ihnen weite Strecken in der Wüste zurücklegen, nachdem sie sich zu diesem Zweck in Karawanen zusammengeschlossen hatten. Wenn ein Kamel bis zu 50 Liter getrunken hat, braucht es längere Zeit keine weitere Flüssigkeit mehr. Nachdem die Nomadenvölker der Wüste diese Fähigkeit erkannt hatten, schätzten sie die Kamele sehr. Hinzu kommt, dass die großen, flachen Füße des Kamels sich durch die beiden breiten Zehen besonders für das Laufen auf dem Wüstensand eignen. Außerdem wirst du dich vielleicht darüber wundern, dass Kamele bei einem Sandsturm ihre Nasenlöcher verschließen können. Man unterscheidet die zweihöckrigen Kamele, die auch Trampeltiere genannt werden, von den einhöckrigen Dromedaren, die überwiegend in Nordafrika zu finden sind. In den Höckern wird übrigens kein Wasser gespeichert, sondern Fett, das Energie liefert, wenn das Kamel einige Tage nur wenig Nahrung bekommen hat. Nachdem sie domestiziert wurden, waren Kamele für die Menschen, die in Wüstengebieten lebten, von großer Bedeutung und dies wird auch in Zukunft wohl noch lange der Fall sein. Geht doch bald einmal in den Zoo und seht euch dort die Kamele an. Das wird euch sicher Spaß machen.

Aktiv und Passiv

1 VERSTEHEN

Mit dem **Aktiv** und **Passiv** **(Genera Verbi)** kann ein Vorgang aus unterschiedlichen Perspektiven dargestellt werden.

Im **Aktivsatz** steht der Täter, das **handelnde** **Subjekt (Agens)**, im Mittelpunkt (**Wer** macht ...?).

Hunefer wäscht das Kamel.

Im **Passivsatz** befindet sich der Vorgang selbst oder die von der Handlung betroffene Person oder Sache im Mittelpunkt, das **erduldende Subjekt**. (**Mit wem oder was** wird etwas gemacht? **Was geschieht?**). Oft wird der Urheber der Handlung nicht genannt, weil er zum Beispiel unbekannt oder für die Information nicht wichtig ist (z. B. bei Gebrauchsanweisungen, Rezepten usw.).

Das Kamel wird (von Hunefer) gewaschen.
Das Kamel wird regelmäßig gefüttert.

Bildung des Passivs: Die Passivformen werden mit einer Form des Hilfsverbs „**werden**" (Verbstamm + Personalendung) und dem **Partizip Perfekt** des Handlungsverbs gebildet. Bei der Bildung des Partizips Perfekt steht meist das Präfix „ge-" vor dem Wortstamm und das Suffix „-t" oder „-en" wird angefügt, zum Beispiel: „rufen – ge-ruf-en", „sagen – ge-sag-t".

Es gibt Passivformen für alle Tempora.

Tempus	Aktiv	Passiv
Präsens	Sie ruft mich.	Ich werde (von ihr) gerufen.
Präteritum	Sie rief mich.	Ich wurde (von ihr) gerufen.
Perfekt	Sie hat mich gerufen.	Ich bin (von ihr) gerufen worden.
Plusquamperfekt	Sie hatte mich gerufen.	Ich war (von ihr) gerufen worden.
Futur I	Sie wird mich rufen.	Ich werde (von ihr) gerufen werden.
Futur II	Sie wird mich gerufen haben.	Ich werde (von ihr) gerufen worden sein.

Wenn ein Aktivsatz in einen Passivsatz umgewandelt werden soll, wird das Akkusativobjekt („wen oder was?") des Aktivsatzes zum Subjekt („wer oder was?") des Passivsatzes.

Man unterscheidet **Vorgangspassiv** und **Zustandspassiv**. Das Vorgangspassiv beschreibt den Vorgang selbst und wird mit dem Hilfsverb „werden" gebildet. Das Zustandspassiv betont das Ergebnis eines Vorgangs und wird mit dem Hilfsverb „sein" gebildet.
Vorgangspassiv: **Das Kamel wird gewaschen.**
Zustandspassiv: **Das Kamel ist gewaschen.**

1 Wandle die folgenden Aktivformen in Passivformen um.

a) er ruft – ....

b) wir lobten – ....

c) du wirst einladen – ....

d) ihr habt belohnt – ....

2 Setze die Aktivsätze in die richtige Passivform.

a) Hunefer pflegte sein Kamel.

....

b) Cäsar hat Kleopatra geliebt.

....

c) Nefertari hat den Spielzeuglöwen versteckt.

....

d) Sie schenkt ihm eine Handvoll Datteln.

....

e) Der Pharao hatte faule Bauarbeiter bestraft.

....

f) Er wird es morgen erledigt haben.

....

g) Cheops hat die größte Pyramide erbaut.

....

3 Formuliere aus den Satzbestandteilen Passivsätze im angegebenen Tempus. Schreibe in dein Heft.

herstellen – Papyrus – Ägypter – viele Jahrhunderte lang	Perfekt
ägyptische Hochkultur – hervorbringen – Geometrie	Präteritum
Pyramiden – besuchen – täglich – Tausende Touristen	Präsens
auch – Rätsel der Sphinx – in Zukunft – nicht lösen	Futur I
gegen Nilfluten – ägyptische Ingenieure – Dämme – bauen	Plusquamperfekt
zerstören – viele Altertümer – von Umwelteinflüssen – bald	Futur II

4 Bestimmte, ob es sich bei den Sätzen um Passivkonstruktionen handelt. Wenn ja, schreibe für Vorgangspassiv ein *V* und für Zustandspassiv ein *Z* vor den Satz.

...... Er wird weglaufen.
...... Sie wird geschlagen.
...... Sie sind entdeckt.
...... Er wird die Antilope jagen.
...... Ich werde ihn nicht schlagen.
...... Die Eier waren im Nest gefunden worden.
...... Man schneidet die Früchte in Stücke.
...... Sie wurden ins Wasser geschubst.
...... Der Tontopf war zerbrochen.
...... Er entdeckte die Karawane.
...... Die Datteln wurden gewaschen.
...... Sie lachen sehr viel.
...... Er wird das Kamel zähmen.
...... Nephtis spielt Flöte.
...... In dicke Ringe werden sie geschnitten.
...... Das Wetter wird schön.
...... Die Antilope wird gejagt.
...... Das Holz ist zersägt.
...... Hunefer wird auf den Markt reisen.
...... Es wird laut getrommelt.
...... Sie hatten den Topf zerbrochen.
...... Sie werden sicher kommen.
...... Das Kamel wird gezähmt werden.
...... Es wird verkauft.

5 Bestimme, ob die Sätze im Vorgangs- oder Zustandspassiv stehen und formuliere jeden Satz in die jeweils andere Passivart um. Beachte die Zeitstufen (Tempora). Schreibe in dein Heft.

a) Hunefers Kamel wird verkauft.
b) Die Karawane ist von Aufständischen ausgeraubt.
c) Hunefers Haare waren von seiner Mutter geschnitten.
d) Die Armee des Pharao wird von den Assyrern geschlagen werden.

TEST Unterstreiche in der Zeitungsmeldung die Passivformen der Verben. Schreibe anschließend die zwei Sätze im Zustandspassiv heraus. Nutze dafür dein Heft.

KAIRO. Einen Schaden von etwa einer halben Million Euro hat gestern ein Brand im Ägyptischen Nationalmuseum in Kairo verursacht. Nach Polizeiangaben ist niemand verletzt. Allerdings klagten rund 20 Besucher über vorübergehenden Hustenreiz und Übelkeit. Zwei unter Asthma leidende Kinder wurden ärztlich beobachtet. Als Brandursache wird nach bisherigen Erkenntnissen ein technischer Defekt angenommen. Wegen verbrannter Kunststoffteile waren die Bürger zum Schließen ihrer Fenster und Türen aufgefordert worden. Bei mehreren Messungen im Stadtgebiet konnten die Behörden keine erhöhten Luftschadstoffe mehr feststellen. Die Flammen wurden am Morgen von einem Mitarbeiter des Museums in einem Technikraum entdeckt. Die unersetzlichen Kunstwerke sind nicht beschädigt.

Modus (Aussageweise) – Überblick, Indikativ und Imperativ

Im Deutschen können Verben in drei **Modi** vorkommen:
dem **Indikativ (Wirklichkeitsform)**,
dem **Konjunktiv (Möglichkeitsform)** und
dem **Imperativ (Befehlsform)**.

Er reist an den Nil. (Indikativ)
Er sagt, er reise bald an den Nil. (Konjunktiv I)
Er sagt, er würde bald an den Nil reisen. (Konjunktiv II)
Reise bald an den Nil! (Imperativ)

Der **Indikativ** ist die Form des Verbs, mit der in der Regel neutrale **Aussagen** gemacht werden, die etwas als realen Vorgang oder Zustand darstellen. Wenn wir reden oder schreiben, benutzen wir meist den Indikativ.

Der Mond scheint hell. Die Geschwister sind rasch eingeschlafen. Morgen wird ein anstrengender Tag.

Der **Imperativ** dient dazu, **Befehle**, **Bitten** und **Aufforderungen** auszudrücken.

Geh sofort nach Hause! Hole mir bitte ein Brot! Seid doch nicht so gemein! Regen Sie sich nicht so auf!

Bildung des Imperativs: Im Singular wird an den Verbstamm häufig ein „-e" angehängt, im Plural in der Regel ein „-t". Bei Verben mit „e" als Stammvokal wird dieser im Imperativ Singular oft zu „i" umgeformt; dabei entstehen bei einigen Verben Sonderformen.

Singular		Plural	
Verbstamm (+ **e**)	sing(**e**)	Verbstamm + **t**	sing**t**
	tanz(**e**)		tanz**t**
Verbstamm **e** zu **i**	n**i**mm		nehm**t**
	iss		ess**t**

Bei der **Höflichkeitsform** mit „Sie" wird an den Verbstamm **„-en"** angehängt.

Singen Sie! Nehmen Sie! Tanzen Sie!

1 Formuliere höfliche Aufforderungen, indem du die passende Form des Imperativs benutzt. Drücke aus, dass ...

a) Hunefer den Kamelmist wegbringen soll.

....

b) Nephtis und Nefertari Wasser vom Brunnen holen sollen.

....

....

c) die Kamele aufhören sollen, die Datteln zu fressen.

....

d) der Architekt das Grabmal größer bauen soll.

....

e) die Dienerinnen Eselsmilch in die Wanne Kleopatras einfüllen sollen.

....

f) die hohen Priester den Göttern vor dem Kriegszug Opfergaben darbieten sollen.

....

....

g) Hunefers Vater die Dattelernte auf dem Markt verkaufen soll.

....

....

2 Formuliere höfliche Aufforderungen, indem du die Höflichkeitsform des Imperativs mit Sie (und das Wort „bitte") benutzt.

a) Ein Zollbeamter am Flughafen bittet den Passagier, seinen Koffer zu öffnen.

....

b) Ein Tourist bittet den Taxifahrer in Kairo, ihn zu seinem Hotel zu fahren.

....

c) Eine Dame am Eingang des Ägyptischen Nationalmuseums bittet einen Besucher, ihr seine Eintrittskarte zu zeigen.

....

3 Markiere in diesem Text die Imperative und andere Formen, die Befehle bzw. Aufforderungen ausdrücken, in verschiedenen Farben.

Um nach dem Tod im Jenseits weiterleben zu können, mumifizierten die Ägypter ihre Toten. Hier die wichtigsten Regeln dafür:
Zunächst müsst ihr das Gehirn herausholen. Verquirlt es dazu mit einem durch das Nasenloch eingeführten Haken. Füllt den leeren Kopf jetzt mit Leinen. Man sollte nun die Organe aus dem Körper entfernen. Setzt dazu einen Schnitt links unten zwischen Hüfte und Leiste. Das Herz dürft ihr aber nicht entnehmen. Legt den Körper 40 Tage lang in Natron, um ihm das Wasser zu entziehen. Wenn die Trocknung abgeschlossen ist, soll der Körper mit harzgetränktem Leinen, Sägemehl oder Natronkristallen ausgestopft werden. Massiert die Haut nun mit Ölen ein. Als letzten Schritt müsst ihr die Mumie in feste Bandagen einwickeln. Zu guter Letzt setzt dem Verstorbenen die Totenmaske auf.

4 Formuliere die Sätze aus Übung 3 mit den anderen Formen der Aufforderung zu Imperativsätzen um. Schreibe in dein Heft.

TEST **Setze die Verben in ihrer korrekten Form an passender Stelle ein.**

lenken – sein – schenken – erfreuen – hören – beschützen – erhören – erhalten – sorgen – kommen – lassen

Oh ihr Götter, Herren der Wahrheit, ... mein Gesuch. .... auf die Bitten dessen, der euch anruft, und .... zu dem, der nach euch ruft. Anubis, du Totengott, ... meine Vorfahren und .... mir noch lange die Freude am Leben. Ka, mein Doppelgänger und Schutzgeist, ... mir ein gutes Schicksal und .... mir die Lebenskraft. Horus, du Falkengott, ... für Recht und Ordnung, damit Maat, die Göttin der Gerechtigkeit, ihr Werk verrichten kann. Re, du Herr des Himmels und der Welt, dessen Auge die Sonnenscheibe ist, ... die Geschicke der Welt zu unser aller Wohl. .... meiner Hochachtung gewiss und .... mein Herz durch eure Weisheit.

Der Konjunktiv I – Gebrauch und Bildung

1 VERSTEHEN

Der **Konjunktiv I** wird verwendet, um etwas als möglich darzustellen.

Ich dachte, der Flug nach Kairo sei ausgebucht.

Außerdem wird der **Konjunktiv I** vor allem in der indirekten Rede gebraucht, wenn man die Aussage oder die Meinung einer anderen Person wiedergibt.

Hunefer sagte, er sei müde.
Hunefers Vater dachte, sein Sohn wolle nicht auf dem Feld helfen.

Auch in Rezepten wird der Konjunktiv I oft verwendet.

Man nehme zwei Eier, etwas Mehl und Zucker ...

Man kann mit dem Konjunktiv I auch Wünsche ausdrücken.

Hunefer lebe hoch! Pharao Tutanchamun ruhe in Frieden.

Bildung des Konjunktivs I: An den Stamm des Verbs (Infinitiv ohne -en) wird die Personalendung des Konjunktivs angehängt.

	Singular		Plural	
1. Pers.	Verbstamm + **e**	ich lach-**e**	Verbstamm + **en**	wir lach-**en**
2. Pers.	Verbstamm + **est**	du lach-**est**	Verbstamm + **et**	ihr lach-**et**
3. Pers.	Verbstamm + **e**	er/ sie/ es lach-**e**	Verbstamm + **en**	sie lach-**en**

TIPP

Der Konjunktiv I von **sein** wird gebildet, indem man an den Verbstamm **sei** die Personalendung anfügt:
ich sei, du seiest, er/sie/es sei, wir seien, ihr seiet, sie seien.

Seine Mutter sagte, er sei krank.

2 ÜBEN

1. **Schreibe in dein Heft die Präsensformen (Indikativ) des Verbs „lachen" und vergleiche die oben angeführten Formen des Konjunktivs I damit. Welche Formen (Person, Numerus) sind gleich, welche unterschiedlich? Schreibe in dein Heft.**

2 **Setze die korrekte Form von *sein* ein.**

Hunefer lobt, dass	ich	so freundlich und zuvorkommend	
	du		
	er		
	wir		
	ihr		
	sie		

3 **Forme in indirekte Rede mit Konjunktiv I um. Beachte, dass die Personalpronomen geändert werden müssen. Schreibe ins Heft.**

a) Er klagt: „Ich fühle mich krank."
b) Sie entgegnet: „Das interessiert mich nicht."
c) Sie wirft ihm vor: „Du lügst mich an!"

3 KÖNNEN

TEST **Forme das Rezept für ägyptisches Fladenbrot so um, dass du das Pronomen *man* mit dem Konjunktiv I verwendest.**

Du füllst Mehl mit etwas Salz in eine Schüssel.
Man fülle Mehl mit etwas Salz in eine Schüssel.

Gib Hefe in lauwarmes Wasser und rühre um, bis sich die Hefe auflöst. Dieses Wasser musst du jetzt in eine Mulde im Mehl gießen. Dann musst du den Teig geschmeidig kneten. Der Teig soll jetzt etwa eine halbe Stunde an einem warmen Ort gehen. Den Hefeteig musst du nun zu einem flachen Fladenbrot formen. Ritze die Oberfläche vom Fladenbrot mit einem Messer rautenförmig ein und besprenge es mit ein wenig Salzwasser. Jetzt muss das Brot 25 Minuten bei 200 Grad im Ofen backen.

Der Konjunktiv I – weitere Zeitstufen

1 VERSTEHEN

Den **Konjunktiv I** gibt es auch in einer Vergangenheitsform und zwei Zukunftsformen.

Hunefer klagt, das Kamel sei weggelaufen.
(Hunefer: „Es ist weggelaufen.")
Nephtis verspricht, sie werde die Datteln waschen.
(Nephtis: „Ich werde die Datteln waschen.")
Nephtis versprach, sie werde die Datteln morgen gewaschen haben. (Nephtis: „Ich werde die Datteln morgen gewaschen haben.")

Bildung des Konjunktivs I: Die **Vergangenheitsform** orientiert sich am **Indikativ Perfekt:** An den Verbstamm des Hilfsverbs **haben** bzw. **sein** wird die Personalendung gehängt, und es kommt das **Partizip II** des aussagenden Verbs hinzu.

	Singular		Plural	
1. Pers.	Verbstamm + **e**	ich hab-**e** gelacht	Verbstamm + **en**	wir hab-**en** gelacht
2. Pers.	Verbstamm + **est**	du hab-**est** gelacht	Verbstamm + **et**	ihr hab-**et** gelacht
3. Pers.	Verbstamm + **e**	er/sie/es hab-**e** gelacht	Verbstamm + **en**	sie hab-**en** gelacht
	Singular		Plural	
1. Pers.	Verbstamm	ich sei gegangen	Verbstamm + **en**	wir sei-**en** gegangen
2. Pers.	Verbstamm + **est**	du sei-**est** gegangen	Verbstamm + **et**	ihr sei-**et** gegangen
3. Pers.	Verbstamm	er/sie/es **sei** gegangen	Verbstamm + **en**	sie sei-**en** gegangen

TIPP

In allen Zeitstufen gibt es Formen, bei denen sich Konjunktiv I und entsprechender Indikativ nicht unterscheiden.

Hunefer: „Die Kamele rennen sehr schnell."
Hunefer sagt, sie rennen sehr schnell.
Hunefer: Die Zuschauer werden sich freuen.
Hunefer sagt, sie werden sich freuen.

Bildung der Zukunftsformen des Konjunktivs I

Bei den **Zukunftsformen** gibt es zwei Möglichkeiten.
Wenn man sich am **Indikativ Futur I** orientiert, braucht man den Verbstamm mit der Personalendung des Hilfsverbs **werden** und den **Infinitiv** des Handlungsverbs.

	Singular		Plural	
1. Pers.	Verbstamm + **e**	ich werd**e** lachen	Verbstamm + **en**	wir werd**en** lachen
2. Pers.	Verbstamm + **est**	du werd**est** lachen	Verbstamm + **et**	ihr werd**et** lachen
3. Pers.	Verbstamm + **e**	er / sie / es werd**e** lachen	Verbstamm + **en**	sie werd**en** lachen

Wenn man sich am **Indikativ Futur II** orientiert, benötigt man den Verbstamm des Hilfsverbs **werden** und die jeweilige Personalendung, das **Partizip II** des Handlungsverbs und den **Infinitiv** des Hilfsverbs **haben** bzw. des Hilfsverbs **sein**.

	Singular		Plural	
1. Pers.	Verbstamm + **e**	ich werd**e** gelacht **haben**	Verbstamm + **en**	wir werd**en** gelacht **haben**
2. Pers.	Verbstamm + **est**	du werd**est** gelacht **haben**	Verbstamm + **et**	ihr werd**et** gelacht **haben**
3. Pers.	Verbstamm + **e**	er / sie / es werd**e** gelacht **haben**	Verbstamm + **en**	sie werd**en** gelacht **haben**
	Singular		Plural	
1. Pers.	Verbstamm + **e**	ich werd**e** gegangen **sein**	Verbstamm + **en**	wir werd**en** gegangen **sein**
2. Pers.	Verbstamm + **est**	du werd**est** gegangen **sein**	Verbstamm + **et**	ihr werd**et** gegangen **sein**
3. Pers.	Verbstamm + **e**	er / sie / es werd**e** gegangen **sein**	Verbstamm + **en**	sie werd**en** gegangen **sein**

2 ÜBEN

1 Unterstreiche alle Konjunktivformen. Markiere zusätzlich (mit einer zweiten Farbe oder durch Einkreisen) alle Formen, die sowohl dem Konjunktiv I als auch dem Indikativ zugeordnet werden können.

du werdest laufen

ich habe geliebt   du bist gelaufen   ihr habet geliebt

ich laufe   sie liebt   du seiest gelaufen   wir werden lieben

ihr habt geliebt   du wirst laufen   sie werden gelaufen sein

sie liebe   ihr werdet geliebt haben   wir seien gelaufen

du liebest

2 Forme die wörtliche Rede in die indirekte Rede mit dem Konjunktiv I um. Schreibe in dein Heft.

a) Er schimpft mit euch: „Ihr habt mich auf die Palme gebracht!“
b) Sie entgegnet: „Das hat mich nicht gejuckt.“
c) Er behauptet: „Ich bin gegangen.“
d) Sie motzt mit dir: „Du hast mich angelogen!“
e) Er sagt: „Das hat nicht gestimmt!“
f) Sie meint: „Er hat mich nicht verstanden!“
g) Er kritisiert euch: „Ihr seid geflohen.“

3 Welche Wörter musstest du neben den Verben noch verändern?

....

....

4 Setze die in Aufgabe 2 entstandenen Sätze in den Konjunktiv I des Futurs I und unterstreiche den Infinitiv des aussagenden Verbs. Schreibe in dein Heft.

5 Formuliere die neu entstandenen Sätze in den Konjunktiv I des Futurs II um und unterstreiche das Partizip II des aussagenden Verbs. Schreibe in dein Heft.

3 KÖNNEN

TEST **Inzwischen kennst du alle Zeitstufen des Konjunktivs I. Unterstreiche alle Konjunktivformen aus dem unten aufgeführten Zeitungsausschnitt. Analysiere die letzten vier genau und forme sie in den passenden Indikativ um.**

Das Leben Tutanchamuns war weniger angenehm als viele vermuten. Laut Aussage der Ärzte, die seine Mumie untersuchten, habe der Gottkönig unter vielen Krankheiten gelitten. Man werde durch verbesserte Tests in der Zukunft noch mehr darüber erfahren. Zwei Tatsachen seien aber jetzt schon sicher, so die Wissenschaftler: Besonders schmerzhaft habe dem bei seinem Tod erst 19 Jahre alten Teenager-Pharao eine Knochenkrankheit am linken Fuß zugesetzt. Der Pharao habe wohl nur mithilfe eines Stocks gehen können. Dies erkläre auch die Tatsache, dass Howard Carter in der Grabkammer bei deren Entdeckung 1922 130 Stöcke gefunden habe. Die Mediziner sind sich einig, dass dem jungen Pharao zudem die Tropenkrankheit Malaria zu schaffen gemacht habe. Woran er letztendlich starb, bleibt jedoch Mutmaßung. Die Wissenschaftler sind aber guten Mutes, dass man dies bis zum Jubiläum der Entdeckung 2022 herausbekommen haben werde.

....

....

....

....

Der Konjunktiv II – Gebrauch und Bildung

1 VERSTEHEN

Der Konjunktiv II wird verwendet, um Aussagen als **unwirklich, unmöglich oder (nur) vorgestellt zu kennzeichnen.**

Hunefer sagt: „Wenn ich Pharao wäre, gäbe es keine Steuern mehr." Mit einem schnelleren Kamel hätte Hunefers Vater das Kamelrennen gewonnen.

Er kann **erfüllbare oder unerfüllbare Wünsche** ausdrücken.

Hunefer hätte gerne ein Kamel. Er ginge ans Ende der Welt.

Der Konjunktiv II ist der Modus für **höfliche Anfragen und vorsichtige Aussagen oder Vorschläge**.

Wären Sie so nett, meine Ziege zu halten? Das wäre toll. Man könnte sie aber auch an eine Palme binden.

Der Konjunktiv II wird **in der indirekten Rede** als Ersatz für den Konjunktiv I gebraucht, wenn sich der Konjunktiv I nicht vom Indikativ unterscheidet oder eine Aussage als zweifelhaft angesehen wird.

Hunefers Vater sagte, seine Kinder nähmen einen großen Platz in seinem Herzen ein.

Bildung des Konjunktivs II: Die Formen werden aus dem Wortstamm des Präteritums und den Personalendungen für den Konjunktiv gebildet.

	Singular		Plural	
1. Pers.	Verbstamm + **te**	ich lach**te**	Verbstamm + **ten**	wir lach**ten**
2. Pers.	Verbstamm + **test**	du lach**test**	Verbstamm + **tet**	ihr lach**tet**
3. Pers.	Verbstamm + **te**	er/sie/es lach**te**	Verbstamm + **ten**	sie lach**ten**

Wenn der Konjunktiv II bei **schwachen Verben** mit dem Präteritum Indikativ formgleich ist, verwendet man stattdessen in der indirekten Rede eine Umschreibung mit „würde".

Hunefer und Nephtis verspotteten Nefertari. (Aussage)
Nefertari sagte, die beiden verspotteten sie. (indirekte Rede)
Nefertari sagte, die beiden würden sie verspotten.
(korrekte Form der indirekten Rede)

Bei **starken Verben** mit Veränderung des Stammvokals im Indikativ Präteritum wird der Konjunktiv II ebenfalls mit verändertem Stammvokal gebildet, teilweise mit dem entsprechenden Umlaut (ä, ö, ü). Die Personalendung des Konjunktivs wird angehängt.

	Singular		Plural	
1. Pers.	Vokalaustausch + **e**	ich n**ä**hm**e**	Vokalaustausch + **en**	wir n**ä**hm**en**
2. Pers.	Vokalaustausch + **est**	du n**ä**hm**est**	Vokalaustausch + **t**	ihr n**ä**hme**t**
3. Pers.	Vokalaustausch + **e**	er/sie/es n**ä**hm**e**	Vokalaustausch + **en**	sie n**ä**hm**en**
	Singular		Plural	
1. Pers.	Vokalaustausch + **e**	ich g**i**ng**e**	Vokalaustausch + **en**	wir g**i**ng**en**
2. Pers.	Vokalaustausch + **est**	du g**i**ng**est**	Vokalaustausch + **t**	ihr g**i**ng**et**
3. Pers.	Vokalaustausch + **e**	er/sie/es g**i**ng**e**	Vokalaustausch + **en**	sie g**i**ng**en**
	Singular		Plural	
1. Pers.	Vokalaustausch + **e**	ich w**ä**r**e**	Vokalaustausch + **en**	wir w**ä**r**en**
2. Pers.	Vokalaustausch + **est**	du w**ä**r**est**	Vokalaustausch + **t**	ihr w**ä**re**t**
3. Pers.	Vokalaustausch + **e**	er/sie/es w**ä**r**e**	Vokalaustausch + **en**	sie w**ä**r**en**

Die **Vergangenheitsform des Konjunktivs II** orientiert sich am Indikativ Perfekt; sie besteht aus **hätt-/wär-** plus Personalendung und dem Partizip II des Handlungsverbs.

	Singular		Plural	
1. Pers.	hätt + **e** + Part. II	ich h**ä**tt**e** genommen	hätt + **en** + Part. II	wir h**ä**tt**en** genommen
2. Pers.	hätt + **est** + Part. II	du h**ä**tt**est** genommen	hätt + **et** + Part. II	ihr h**ä**tt**et** genommen
3. Pers.	hätt + **e** + Part. II	er/sie/es h**ä**tt**e** genommen	hätt + **en** + Part. II	sie h**ä**tt**en** genommen
	Singular		Plural	
1. Pers.	wär + **e** + Part. II	ich w**ä**r**e** gegangen	wär + **en** + Part. II	wir w**ä**r**en** gegangen
2. Pers.	wär + **est** + Part. II	du w**ä**r**est** gegangen	wär + **et** + Part. II	ihr w**ä**r**et** gegangen
3. Pers.	wär + **e** + Part. II	er/sie/es w**ä**r**e** gegangen	wär + **en** + Part. II	sie w**ä**r**en** gegangen

2 ÜBEN

1 Hier sind noch viele Lücken. Setze die richtigen Verbformen ein.

Infinitiv	Präteritum (3. Person Plural)	Verbform des Konjunktiv II	Konjunktiv II mit Hilfsverb „würden"
fahren	fuhren	führen	würden fahren
wissen			
	lasen		
schlagen			
			würden ziehen
	konnten		
helfen			
	durften		
			würden kommen
gewinnen			

2 Auf einem Nilkreuzfahrtschiff geht es sehr höflich zu. Folgende Sätze fallen an Deck. Setze das passende Verb in der richtigen Form in die Lücke ein.

haben – werden – können – sein – besitzen

a) .... Sie die Güte, meinen Liegestuhl zu räumen?

b) .... Sie so freundlich, Ihr Badetuch mitzunehmen?

c) .... Sie mir beim Eincremen behilflich sein?

d) .... Sie bitte den Ausblick freimachen?

e) .... Sie noch zwei andere Liegestühle für uns frei?

3 Formuliere mithilfe des Konjunktivs II Wunschsätze.

Das Zelt ist sehr klein. – *Wenn es doch größer wäre!*
Er singt so laut. – *Wenn er doch leiser sänge!*

Die Prüfung ist so schwierig. – Wenn ....

Er reitet so langsam. – Wenn ....

Sie laufen so schnell. – Wenn ....

Hunefer hat keinen Freund. – Wenn ....

3 KÖNNEN

TEST **Setze die richtige Modus-Form in die Lücke und formuliere in der Vergangenheitsform.**

Hunefer: Wenn ich mehr Nahrung hätte, ... (geben) ich den Armen bestimmt etwas davon ab. Wenn ich reich wäre, ... (haben) ich das schnellste Kamel weit und breit. Wenn ich noch mehr Geld besäße, ... (ziehen) ich als Karawanenführer von einem Land zum anderen. Und vielleicht .... (fallen) mir auch noch etwas Besseres ein.

Seine Mutter: Falls du Zeit haben solltest, ... (können) du den Innenhof kehren.

Hunefer: Das geht leider nicht, ich .... (tun) es gerne, wenn ich jetzt nicht dringend zu meinem Freund gehen müsste. Sonst .... (kommen) wir nämlich nicht mehr rechtzeitig zum Nachwuchsrennen.

Konjunktiv und indirekte Rede

1 VERSTEHEN

Wenn wiedergegeben wird, was jemand gesagt hat, verwendet man die **indirekte Rede**.

Dabei stehen die Verben in der Regel im **Konjunktiv I.**

Wenn sich die Formen des Konjunktivs I vom Indikativ nicht unterscheiden, sollte man den **Konjunktiv II** vorziehen. Wenn sich die Formen des Konjunktivs II ebenfalls nicht vom Indikativ unterscheiden, sollte man die **Umschreibung mit „würde"** wählen. Das gilt auch, wenn der Konjunktiv II veraltet klingt oder ungebräuchlich ist (z. B. „würde erwerben" anstatt „erwürbe").

Wichtig ist, dass sich bei der indirekten Rede gegenüber der direkten Rede auch die Pronomen ändern („du"–„sie"; „mein"-„sein"; „du" – „ich").

Direkte Rede:	Indirekte Rede:
Hunefer schimpft: „**Du nimmst** immer mein Spielzeug."	Er schimpft, **sie nehme** immer sein Spielzeug. (Konjunktiv I = **korrekte** Form) Er schimpft, **ich nehme** immer sein Spielzeug. (Konjunktiv I = Indikativ Präsens) Er schimpft, **ich nähme** immer sein Spielzeug. (Konjunktiv II = **korrekte** Form)
Nephtis beschwert sich: „**Du lachst** mich dauernd aus."	Sie beschwert sich, **ich lache** sie dauernd **aus**. (Konjunktiv I = Indikativ Präsens) Sie beschwert sich, **ich lachte** sie dauernd **aus**. (Konjunktiv II = Indikativ Präteritum) Sie beschwert sich, **ich würde** sie dauernd **auslachen**. (Umschreibung mit würde = **korrekte** Form)

TIPP

Wenn eine Aussage mit einem **dass-Satz** wiedergegeben wird, kann der Indikativ oder der Konjunktiv benutzt werden. (Er sagt, dass er springt/springe.)

2 ÜBEN

1 Forme um und markiere jeweils die beste Lösung.

	Konjunktiv I	Konjunktiv II	mit „würde“
Er sagt: „Ich springe!“	Er sagt, er …………………….	Er sagt, er …………………….	Er sagt, er …………………….
Sie rufen: „Wir geben!“	Sie rufen, sie …………………….	Sie rufen, sie …………………….	Sie rufen, sie …………………….
Du meinst: „Ich gehe!“	Du meinst, du …………………….	Du meinst, du …………………….	Du meinst, du …………………….

2 Gib die folgenden Aussagen mit einem „dass“-Satz wieder.

a) Der Baumeister sagt: „Die Arbeiter bauen die Pyramide.“

………………………………………………………………………………………………

………………………………………………………………………………………………

b) Der Großwesir erklärt: „Mein Stellvertreter passt in meiner Abwesenheit auf die Schatzkammer auf.“

………………………………………………………………………………………………

………………………………………………………………………………………………

c) Hunefer erzählt: „Mein Vater reitet mit mir ins Niltal.“

………………………………………………………………………………………………

………………………………………………………………………………………………

❸ Forme die direkte Rede in indirekte Rede um.

a) Der Hohepriester behauptet: „Die Götter sind zornig."

....

....

b) Der Karawanenführer berichtet: „Irgendjemand hat das Brunnenwasser vergiftet."

....

....

c) Der Oasenbauer erzählt: „ Manchmal fällt ein Tier in den Brunnen und ertrinkt."

....

....

d) Sein Sohn denkt: „Ich darf das Wasser nicht mehr verwenden."

....

....

TEST **Verwende im folgenden Text die passenden Konjunktivformen. Wo kann der Konjunktiv I verwendet werden und wo sollte es der Konjunktiv II sein?**

Hunefers Vater meint, dass er sich niemals am Pyramidenbau beteiligen würde.

....

....

Das Problem wäre, dass dann niemand mehr die Arbeit in der Oase macht.

....

....

Er behauptet, die Dattelfrüchte vertrockneten dann an den Bäumen.

....

Es kann doch auch nicht gerecht sein, dass Tausende von Menschen am Grab eines einzelnen Menschen schuften müssen, meint Hunefers Mutter.

....

....

Außerdem würde Hunefers Vater bereits jetzt dauernd über Kreuzschmerzen klagen.

....

....

1.6 Pronomen und andere Wortarten

Übersicht zu den Pronomen

1 VERSTEHEN

Es gibt viele verschiedene Arten von Pronomen:

- **persönliche Fürwörter oder Personalpronomen,**
  Kaiser Nero ließ ihn hinrichten.
- **besitzanzeigende Fürwörter oder Possessivpronomen,**
  Seine Familie wurde aus Rom verbannt.
- **bezügliche Fürwörter oder Relativpronomen,**
  Sogar sein Bruder, der Senator war.
- **rückbezügliche Fürwörter oder Reflexivpronomen,**
  Nero ließ nicht mit sich spaßen.
- **hinweisende Fürwörter oder Demonstrativpronomen,**
  Dieser Kaiser war unberechenbar.
- **fragende Fürwörter oder Interrogativpronomen,**
  Wer hatte schon den Mut, ihm die Stirn zu bieten?
- **unbestimmte Fürwörter oder Indefinitpronomen.**
  Viele glauben sogar, er habe Rom anzünden lassen.

Personalpronomen können stellvertretend für ein Nomen stehen.

Der Esel ist grau. Er ist schon sehr alt.

Possessivpronomen bezeichnen ein Besitzverhältnis oder eine Zugehörigkeit.

Der Händler ist reich. Sein Esel war teuer.

Pronomen können **dekliniert** werden. Sie stimmen in **Kasus, Numerus und Genus** mit dem Nomen überein, auf das sie sich beziehen. Pronomen ermöglichen es, **Wiederholungen** zu **vermeiden** und verschiedene **Verhältnisse** zu und zwischen verschiedenen Nomen zu verdeutlichen.

Der Feldherr sagt seinen Soldaten, dass **sie ihm die Treue schwören müssen.**
Der Gast will nicht diesen Wein, sondern den, von dem sie ihm gestern zu trinken gegeben haben.

Personalpronomen (persönliche Fürwörter) sind:
ich, du, er, sie, es, wir, ihr, sie.
(Zusätzlich gibt es die Höflichkeitsanrede mit **Sie**.)

Personalpronomen können **anstelle eines Nomens** stehen. Damit kann man Wortwiederholungen vermeiden.

Der Kaiser hat viele Münzen.
Der Kaiser (Er) hat die Münzen (sie) für ein Pferd ausgegeben.

Man sollte jedoch vermeiden, zu viele Pronomen in einem Satz zu verwenden, weil dieser dann schnell unverständlich wird.

Er hat sie für es ausgegeben.

Personalpronomen werden wie Nomen **dekliniert**:

Numerus	Person	Genus	Nominativ	Genitiv	Dativ	Akkusativ
Singular	1.		ich	meiner	mir	mich
	2.		du	deiner	dir	dich
	3.	Maskulinum	er	seiner	ihm	ihn
		Femininum	sie	ihrer	ihr	sie
		Neutrum	es	seiner	ihm	es
Plural	1.		wir	unser	uns	uns
	2.		ihr	euer	euch	euch
	3.		sie	ihrer	ihnen	sie
Höflichkeitsform			Sie	Ihrer	Ihnen	Sie

TIPP

Bei der Anrede gibt es zwei Möglichkeiten.

- Die **vertraute Anrede** mit **du/ihr**:
  Brutus, kannst du mir Auskunft geben?

Die Anredepronomen *du* und *ihr* mit ihren besitzanzeigenden Fürwörtern (*dein*, *euer* etc.) können in Briefen und E-Mails klein- oder großgeschrieben werden. In allen übrigen Texten werden sie kleingeschrieben.

- Die **höfliche Anrede** mit **Sie**:
  Liebe Senatoren, wie geht es Ihnen? Geben Sie mir bitte Auskunft!

Bei dieser höflichen Anrede werden die Pronomen großgeschrieben.

2 ÜBEN

1 Beantworte die Frage mit „Ja" oder „Nein" und verkürze den anschließenden Aussagesatz durch ein passendes Personalpronomen im korrekten Kasus. Schreibe in dein Heft.

Streichelt er sein Pferd? – *Ja, er streichelt es.*

a) Beten die Priester am frühen Morgen? – *Ja, …*

b) Trinkst du gerne Wein? – *Nein, …*

c) Schneidet ihr die Zwiebeln? – *Nein, …*

d) Spannt er seinen Bogen nach? – *Ja, …*

e) Schenkt sie ihrem Mann etwas? – *Nein, …*

f) Siehst du den Falken? – *Nein, …*

2 Ersetze den unterstrichenen Teil des ersten Satzes im zweiten Satz durch ein passendes Personalpronomen.

a) Julius Cäsar war ein Römer. .... lebte von 100 bis 44 v. Chr.

b) Es gibt viele Statuen mit seinem Bildnis. .... sind oft aus Marmor gehauen.

c) Anna und Jannis sind nach Rom gefahren. Haben .... solche Statuen gesehen?

d) Die beiden entdeckten Cäsars Kopf häufig in Rom. Anna und Jannis fotografierten ....

3 Markiere das falsche Pronomen und ergänze das passende.

a) Du seid aus Italien. ....

b) Ihr sind aus Germanien. ....

c) Sie wohnst an der Via Appia. ....

4 Markiere alle Personalpronomen.

Die Überlieferung lehrt uns folgende Geschichte:
Die Kelten waren 387 v. Chr. nach Rom eingedrungen. Nachts versuchten sie, auch den Hügel des Kapitols zu erobern. Auf ihm wurden zur Ehre der Göttin Juno heilige Gänse gehalten. Sie schlugen Alarm, als der Anführer der Kelten mit ein paar seiner Männer die Anhöhe hinaufklettern wollte. Der römische Befehlshaber konnte ihn von der Mauer stoßen, sodass er die anderen mitriss. Das Federvieh hatte Rom also zunächst gerettet. Doch wir wissen, dass es vergebene Mühe war, weil die Kelten nur gegen eine Goldzahlung aus der Stadt abzogen.

5 Schreibe die Geschichte erneut (in dein Heft) und benutze passende Nomen anstatt der markierten Personalpronomen.

3 KÖNNEN

TEST Unterstreiche alle Personalpronomen und bestimme Person, Numerus und Kasus. Schreibe in dein Heft.

Gaius Julius Cäsar ist eine bekannte Persönlichkeit des römischen Reiches. Er entstammte einer angesehenen patrizischen Familie, allerdings war sie verarmt. Für ihn war eine Ämterlaufbahn vorgesehen. Später wurde er Staatsmann und Feldherr. Mit ihm eroberten die Soldaten Gallien. Berühmt ist sein Zitat: „Ich kam, sah und siegte!“ Die letzte große Pharaonin Kleopatra faszinierte Julius Cäsar sehr. Er lernte sie 48 vor Christus in Ägypten kennen. Bald darauf wurden die beiden ein Liebespaar. Sie bekamen einen gemeinsamen Sohn. Kannst du dir vorstellen, wie der gemeinsame Sohn von Cäsar und Kleopatra hieß? Wenn nicht, schau doch einfach im Internet oder Lexikon nach.

Possessiv- und Relativpronomen

1 VERSTEHEN

Possessivpronomen (besitzanzeigende Fürwörter) zeigen an, **wem** oder **zu wem etwas gehört**. Sie begleiten meist ein Nomen.

seine Schriftrolle, dein Sklave, ihr Garten

In der höflichen Anrede werden sie – genau wie Personalpronomen – großgeschrieben und grammatisch wie die **3. Person Plural** verwendet.

Die **Possessivpronomen** sind:

	Singular	Plural
1. Person	mein(e)	unser
2. Person	dein(e)	euer/eure
3. Person	sein(e) (Maskulin) ihr(e) (Feminin) sein(e) (Neutrum)	ihr(e)
Höflichkeitsform	Ihr	Ihr(e)

Das Possessivpronomen stimmt mit dem zugehörigen Nomen in Numerus und Genus überein.

Das ist meine Katze. Das ist die Katze meines Kindes. Ich schenke meinem Kind / meinem Sohn / meiner Tochter etwas. Unsere Katze lasse ich mit meiner Wolle / meinem Ball spielen.

Relativpronomen (bezügliche Fürwörter) leiten einen Nebensatz (Relativsatz) ein, sie beziehen sich in der Regel auf ein vorhergehendes Nomen und stimmen mit diesem in Genus und Numerus überein. Der Kasus richtet sich nach der Funktion des Relativpronomens im Relativsatz.

Die häufigsten Relativpronomen heißen **der, die, das.**

Die einfachen Römer aßen einen Brei, der aus Getreide oder Bohnen bestand.

Es gibt aber auch noch **welcher, welche, welches.**

Das Abendessen, welches die wichtigste Mahlzeit in Rom war, bestand aus drei Gängen.

1 Welche Possessivpronomen sind falsch eingesetzt? Kreuze an.

☐ mein Kind
☐ sein Freundin
☐ ihr Vater
☐ ihre Kleid
☐ ihre Familie
☐ meine Villa
☐ deine Freunde
☐ meine Blumen
☐ sein Lehrer
☐ euer Pferde
☐ seine Mutter
☐ ihre Götter
☐ ihre Esel
☐ unser Haus
☐ dein Schiff
☐ unsere Armee
☐ meine Münzen
☐ meine Arzt

2 Welches Wort passt nicht in die Reihe? Begründe, warum nicht.

a) mein – unser – dein – sein

....

....

b) uns – euch – mein – es

....

....

c) ich – unser – wir – sie

....

....

3 Ergänze die Sätze mit passenden Possessivpronomen.

a) Du gehörst jetzt zu Julius Cäsar. Du bist .... Diener.

b) Dieser Hund gehört seiner Tochter. Es ist .... Hund.

c) Dort siehst du die Wachstäfelchen der Kinder. Es sind

.... Schreibtafeln.

d) Die Villa gehört der Familie Julius Cäsars. Es ist .... Villa.

❹ Setze die fehlenden Personal- bzw. Possessivpronomen ein.

Die Liebesbeziehung zwischen Kleopatra und Cäsar hatte einige Jahre Bestand. .... wurde .... Beraterin und später die Mutter .... Sohnes. .... nannten .... Kind Cäsarion. Kleopatra und Julius Cäsar standen einst im großen Palastsaal und sie sagte zu ....: „................. kannst .... keine Befehle erteilen. .... fühle .... zu dir hingezogen und ich bin .... Geliebte, aber .... bist nicht .... Ehemann, dem .... untertan bin."

Nach Cäsars Ermordung ernannte Kleopatra .... Sohn zum Mitregenten.

❺ Füge die passenden Relativpronomen ein.

Julius Cäsar hatte einen Freund,

a) .... sehr klug war.

b) .... er schon lange kannte.

Dieser Freund war für eine Eselin verantwortlich,

c) .... Fell sehr struppig war.

d) .... die Arbeit auf dem Feld schwerfiel.

6 Ergänze jeweils das fehlende Relativpronomen. Entscheide, ob es im Nominativ, Akkusativ oder Dativ steht.

a) Die drei Männer, ... zum Forum gehen, sind ebenfalls Senatoren.

....

b) Augustus, ... diese Villa gehört, ist sehr reich.

....

c) Der Apfel, ... den Augustus heute gegessen hat, war sehr süß.

....

7 Forme aus den zwei vorgegebenen Sätzen mithilfe eines Relativpronomens einen Satz.

Hier ist die Sklavin Lydia. Sie arbeitet auf Ciceros Landgut.
Hier ist die Sklavin Lydia, die auf Ciceros Landgut arbeitet.

a) Wie gefällt dir der neue Krug? Ich habe ihn gestern gekauft.

....

....

....

....

b) Der Senat entscheidet über die Entwicklung Roms. Cäsar gehört dem Senat an.

....

....

....

....

c) Der römische Senat war bis zum Ende der Republik die wichtigste Institution des römischen Staates. Seine Mitglieder hießen Senatoren.

....

....

....

....

8 In den Wörtern haben sich Pronomen versteckt. Findest du sie?

Nordasien · auseinander · Leuchtrakete · richtig · Leihmutter · Heuernte · Direktor · unseriös · Hundeinsel · Sieger · Finanzwirtschaft · unwirsch · vergessen · Diebesgut · Pferderennen · Meineid · Dichter

9 Bestimme aus den gefundenen Pronomen der Aufgabe 8 die Relativpronomen und die Possessivpronomen und notiere sie geordnet.

....

....

....

....

....

....

3 KÖNNEN

TEST **Markiere die Personal-, Possessiv- und Relativpronomen unterschiedlich.**

Der Unterricht im antiken Rom, den die meisten Mädchen und Jungen ab dem 7. Lebensjahr besuchten, begann bei Tagesanbruch. Zum Erlernen des Alphabets zeigte ihr Lehrer Buchstaben, die er aus Holz formte. Manchmal ließ er Buchstaben, deren Form schwierig war, auch als Gebäckstücke backen. Seine Schüler mussten viel schreiben, und so schimpfte mancher über seine Aufgaben. Die Kinder schrieben auf Täfelchen, die mit Wachs beschichtet waren. Mit der spitzen Seite ihres Griffels, der aus Metall oder aus Knochen angefertigt war, ritzten sie die Buchstaben ein. Wollten sie einen Fehler löschen, nahmen sie das Griffelende, welches einen breiteren Rand hatte, und glätteten damit das Wachs.

1 VERSTEHEN

Reflexiv- und Demonstrativpronomen

Reflexivpronomen **(rückbezügliche Fürwörter)** sind **sich, mich, dich, uns, euch** ... Sie beziehen sich auf den Satzgegenstand (das Subjekt) des Satzes.

Ich setze mich. Du fürchtest dich. Er beeilt sich.

Du solltest dir keine Sorgen machen.

Viele Verben ziehen ein Reflexiv- **oder** ein Personalpronomen nach sich. Je nachdem verändert sich die Bedeutung des Verbs.

Er erinnert sich (Reflexivpronomen) an seine Verabredung.

In diesem Satz sind Subjekt und Reflexivpronomen **dieselbe Person**.

Er erinnert mich (Personalpronomen) an meine Verabredung.

Hier werden mit den beiden Personalpronomen (*Er*, *mich*) zwei verschiedene Personen bezeichnet.

Die Reflexivpronomen verteilen sich wie folgt über Person, Numerus und Genus, stehen allerdings nicht im Nominativ. Der Genitiv wird nur sehr selten verwendet. (Er vergewissert sich **seiner**.)

	Singular					Plural		
	1. Person	2. Person	3. Person			1. Person	2. Person	3. Person
			Mask.	Fem.	Neut.			
Nominativ	–	–	–	–	–	–	–	–
Akkusativ	mich	dich	sich	sich	sich	uns	euch	sich
Dativ	mir	dir	sich	sich	sich	uns	euch	sich
Genitiv	meiner	deiner	seiner	ihrer	seiner	unser	euer	ihrer

Aus der Tabelle kann man erkennen, dass das Reflexivpronomen nur in der dritten Person Singular und Plural eine eigene Form hat: **sich**. Alle anderen Formen können auch bei anderen Pronomenarten vorkommen.

Demonstrativpronomen **(hinweisende Fürwörter)** sind Wörter wie **der, die, das, diese(r/s), jene(r/s), solche(r/s), derjenige, diejenige, dasjenige, derselbe, dieselbe, dasselbe** ...

Sie **weisen ausdrücklich** auf ein **bestimmtes** Lebewesen, einen Gegenstand, etwas Abstraktes oder einen Sachverhalt **hin**.

Dieser Teil Germaniens wird von den Alemannen besiedelt.

Das bedeutet, dass es sich um diesen einen Teil Germaniens handelt und um keinen anderen. Demonstrativpronomen können **stellvertretend für ein Nomen** oder als **Artikelwörter vor einem Nomen** verwendet werden:

> **Dieser Sklave gefällt mir nicht. Jener sieht widerstandsfähiger aus. Solches Geschirr gab es nur in Italien. Sie hat dasselbe in Pompeji gesehen.**

1 Setze die entsprechenden Pronomen ein.

Personalpronomen	Possessivpronomen	Reflexivpronomen (im Dativ)	Reflexivpronomen (im Akkusativ)
ich	mein	mir	mich
		dir	
	sein		
sie (Sg.)			
		uns	
			euch
sie (Pl.)			

2 Bilde vollständige Sätze und ergänze das Reflexivpronomen. Schreibe in dein Heft.

a) ein – bauen – neues – Wir – Haus
b) bedankt – Kind – die – für – Das – Geschenke
c) Was – du – zum – wünschst – Essen

3 Setze in diesen Sätzen das passende Reflexivpronomen ein.

a) Du ziehst .... für die Reise an.

b) Ihr freut .... über den Sieg.

c) Die Senatoren unterhalten .... auf dem Forum Romanum.

4 **Setze die vorgegebenen Sätze in den Plural (Mehrzahl). Schreibe in dein Heft.**

a) Ich kämme mich.
b) Er ärgert sich über das schlechte Essen.
c) Du kaufst dir einen Tonkrug.
d) Erinnert sich das Kind daran?

5 **Welches Pronomen passt nicht in die Reihe? Markiere es.**

a) mein - euer - jener - dein
b) du - es - ihr - ich
c) uns - mich - mein - dich

6 **Kreuze das passende Demonstrativpronomen an.**

a) Das Forum Romanum kann man sich als großen Marktplatz vorstellen. .... Platz lag im Zentrum Roms.

☐ Das ☐ Dieser ☐ Sein ☐ Unser

b) „Panem et circenses" – Brot und Spiele für das Volk.

.... Vergnügungen gab es nur im antiken Rom.

☐ Deren ☐ Die ☐ Solche ☐ Manche

7 **Dreimal das gleiche Wort, doch immer eine andere Wortart. Um welche Wortarten handelt es sich?**

„**Die** (a) Frau, **die** (b) dort auf der Tribüne sitzt, ist meine Frau. **Die** (c) kommt aus Spanien".

„**Das** (d) gibt es doch nicht! **Das** (e) Mädchen, **das** (f) so nett lächelt, soll deine Frau sein?"

a) .... d) ....

b) .... e) ....

c) .... f) ....

TIPP Das oder dass? – **Das** als Demonstrativpronomen kann durch **dieses**, **das** als Relativpronomen durch **welches** ersetzt werden. Die Konjunktion „dass" kann nicht ersetzt werden und leitet immer einen Nebensatz ein.

3 KÖNNEN

TEST **Markiere im Text alle dir bekannten Pronomen und bestimme sie. Schreibe in dein Heft.**

Diese Hochzeitszeremonie der römischen Paare, deren Eltern oftmals schon im frühen Kindesalter die Ehe arrangiert hatten, fand im Haus der Braut statt. Ihre Eltern hatten auch das Festmahl auszurichten, das bis tief in die Nacht dauerte. Anschließend mussten sich die Brautleute den symbolischen Brautraub gefallen lassen. Sie wurde, wie rituell vorgeschrieben, von ihm in ihr zukünftiges Heim überführt, wobei sie symbolisch aus den Armen ihrer Mutter gerissen wurde. Diese sollte sich keine Sorgen machen. Deshalb wurde die Braut von denjenigen begleitet, die solche Rituale liebten. Diese Hochzeitsgäste, die Hochrufe wie „Es lebe das Brautpaar" und zünftige Lieder auf jenes junge Paar zum Besten gaben, brachten die junge Gattin zum Haus ihres Mannes. Hier bestrich sie dessen Türpfosten mit Fett und war fortan Herrin des Haushaltes.

Interrogativ- und Indefinitpronomen

1 VERSTEHEN

Interrogativpronomen (fragende Fürwörter) sind Wörter wie **wer?, was?, welcher?** ... Sie sind deklinierbar und unterscheiden sich dadurch von den anderen Fragewörtern (womit, weswegen, wodurch, wo, wann ...).

Sie leiten Frage- und Ausrufesätze ein:

Welcher Schüler ist in der Redekunst gewandt?
Was hast du gestern gemacht?
Welch überwältigende Rede!
Was für ein Unglück!

Indefinitpronomen (unbestimmte Fürwörter) sind Wörter wie **jemand, alle, einer, keiner, manche, man, wer, niemand, nichts, etwas, einige, andere, etwas, irgendein, wenige, ein bisschen, viele** ...
Sie stehen für **Personen, Dinge, Mengenangaben** usw., die **nicht näher bestimmt** werden können oder sollen. Manchmal dient ein Indefinitpronomen auch dazu, eine Menge als Ganzes zu bezeichnen (alle, sämtliche ...).

Indefinitpronomen können wie Adjektive vor einem Nomen stehen. Manchmal können sie auch ein Nomen ersetzen. Wenn nach dem Indefinitpronomen ein Adjektiv folgt, wird es großgeschrieben.

Irgendein Gladiator wird den Kampf gewinnen.
Wenige Münzen waren aus Gold.
Manche Sklaven waren sehr gebildet.
Irgendeiner wird dem Schüler helfen.
Etwas Schönes wird geschehen.

TIPP Einige Indefinitpronomen sehen genauso aus wie unbestimmte Zahlwörter (z. B. *viele*, *mehrere*, *einige*, *manche*). Die Grenzen zwischen beiden Wortarten sind fließend.

1 Suche jeweils das Interrogativpronomen und markiere es farbig.

a) womit – weshalb – wie – wer
b) weshalb – was – warum – weswegen
c) wo – womit – welcher – warum
d) wessen – wie – wann – wodurch

2 Unterstreiche die Interrogativpronomen und versuche, die Fragen zu beantworten.

a) Wer war der höchste römische Gott?
☐ Mars ☐ Jupiter ☐ Zeus
b) Was war das Forum Romanum?
☐ eine Gelehrtenschule ☐ ein politisches Zentrum
☐ eine Provinz
c) Welcher Römer ist der Namensgeber für den späteren Herrschaftstitel „Kaiser“?
☐ Nero ☐ Cäsar ☐ Augustus
d) Wer wurde der Sage nach von seinem Bruder getötet?
☐ Remus ☐ Romulus ☐ Brutus
e) Was meint die Redewendung „panem et circenses“?
☐ Getreide für alle ☐ Die Würfel sind gefallen
☐ Brot und Spiele
f) Wer steckte der Legende nach Rom in Brand?
☐ Cäsar ☐ Augustus ☐ Nero
g) Wer lebte nicht im antiken Rom?
☐ Trajan ☐ Marc Aurel ☐ Casanova
h) Was wurde im Circus Maximus veranstaltet?
☐ Gladiatorenkämpfe ☐ Wagenrennen ☐ Tierkämpfe

3 Welche der Fragesätze werden durch Interrogativpronomen, welche durch andere Fragewörter eingeleitet? Kreise nur die Interrogativpronomen ein.

a) Wem gehört diese Villa?
b) Weshalb hast du nicht gewartet?

c) Wann beginnen die Wagenrennen?
d) Welche Fische leben im Mittelmeer?
e) Was für ein Theaterstück wird heute gespielt?
f) Womit kann ich dir helfen?
g) Wessen Kind hat den Tonkrug zerbrochen?

4 Suche jeweils das Indefinitpronomen und markiere es.

a) er – einige – euch – mir – zwanzig
b) viele – mich – wer – deren – die
c) wem – heute – dieser – sich – man

5 Bestimme die Pronomen.

a) Jeden Morgen schaut sich Titus um. ....

b) Er lobt seinen Sklaven. ....

c) „Das freut mich sehr." ....

d) Dieser Stoff gefällt Titus gut. ....

e) Welches Muster ist am schönsten? ....

f) Hier ist die Tunika, die ich gestern gekauft habe. ....

6 Bestimme die jeweilige Pronomenart für *wer*.

a) Wer hat das Loch denn ausgehoben? ....

b) Wer da rauskommt, muss Flügel haben. ....

c) Wer ist denn hineingestürzt? ....

d) Wer anderen eine Grube gräbt, fällt selbst hinein. ....

7 Bestimme die jeweilige Pronomenart für *was*.

a) „Was ist denn das für eine Brücke?" ....

b) „Man nennt sie Aquädukt. Sie transportiert Wasser zu uns in die Stadt, was für uns überlebenswichtig ist. ....

c) Die Leitung muss ein leichtes Gefälle aufweisen, was einen enormen Planungsaufwand bedeutet.“ ....

d) Was für eine tolle Erfindung! ....

8 Wie heißen die lateinischen Bezeichnungen?

a) rückbezügliches Fürwort = ...

b) persönliches Fürwort = ...

c) fragendes Fürwort = ...

d) besitzanzeigendes Fürwort = ...

e) unbestimmtes Fürwort = ...

f) hinweisendes Fürwort = ...

g) bezügliches Fürwort = ...

3 KÖNNEN

TEST Unterstreiche alle Indefinit- und Interrogativpronomen.

Niemand wollte den großen Stoffmarkt verpassen. Alle hatten sich schon lange darauf gefreut, und man sprach seit Tagen von nichts anderem. Was werden die Stoffe kosten? Welcher Händler wird den höchsten Preis erzielen? Wann beginnt die Veranstaltung endlich? Wo werden die kostbarsten Stoffe angepriesen? Manche Käufer waren von weit angereist, und sämtliche Unterkünfte Roms waren ausgebucht. Jeder wollte mit einer neuen Tunika heimkehren. War der Stoff in einem weit entfernten Land gewebt worden oder kam er aus der Nähe von Rom? Einige kauften sogar mehrere Stoffballen, sodass die Händler mit vielen Silberstücken heimkehrten. Manche Stoffe waren für die Gewänder der reichen Patrizier bestimmt. Aus anderen, die nicht so kostspielig sein durften, wurde die Alltagskleidung für die Angehörigen eines ganzen Hausstandes gefertigt.

Numeralia – Kardinal- und Ordinalzahlen

1 VERSTEHEN

Numeralia (Zahlwörter) bezeichnen Zählbares:
eins, zwei, hundert, viele, die Zweite, ein Dutzend, manche ...
Man unterscheidet bestimmte Numeralia **(vier, achtmal, zweifach, der Fünfte ...)**, die über die genaue Zahl informieren, und unbestimmte Numeralia **(viele, mehrere, einige, manche ...)**, die nur eine ungefähre Angabe machen.

Die bestimmten Numeralia kann man wiederum in Kardinalzahlen und Ordinalzahlen einteilen.
Kardinalzahlen (Grundzahlen) legen die **Anzahl** fest.
Zwei Millionen Münzen, die Hälfte der Sklaven
Ordinalzahlen (Ordnungzahlen) bestimmen die **Reihenfolge**.
im siebten Jahr, der erste Punische Krieg

Numeralia können wie Adjektive (z. B. der **erste** Kaiser), Adverbien (z. B. **zweimal** besiegt) oder Nomen (z. B. eine **Million**) verwendet werden.

2 ÜBEN

1 Hier haben sich Zahlwörter versteckt. Markiere sie farbig.

Paar meistens wenige hoch Siegerin fünfzig völlig
viereinhalb manche jemals zweitausend groß Viertel
zweimal kräftig täglich müde Milliarde vermögend

TIPP In Texten sollten die Zahlen von eins bis zwölf als Wort geschrieben werden.

2 Recherchiere im Lexikon oder im Internet und fülle die Lücken mit einer Kardinal- oder Ordinalzahl aus.

a) Rom ist auf .... Hügeln gebaut.
☐ Kardinalzahl ☐ Ordinalzahl

b) Kaiser Augustus war der .... römische Kaiser.
☐ Kardinalzahl ☐ Ordinalzahl

c) Zwischen Karthago und dem Römischen Reich gab es ....
große Punische Kriege.
☐ Kardinalzahl ☐ Ordinalzahl

3 Die Zahlwörter unten sind völlig durcheinandergeraten. Ordne sie in zwei Zeilen so, dass du bestimmte und unbestimmte Numeralia voneinander trennst und von links beginnend die von den Wörtern bezeichnete Menge nach rechts immer größer wird. Schreibe in dein Heft.

drei Viertel viele ein Bruchteil ein Dutzend alle vereinzelte
die Hälfte wenige drei Millionen zweitausend die meisten
fünf

TEST **Unterstreiche im Text über Pompeji die Kardinalzahlen, die Ordinalzahlen und die unbestimmten Numeralia jeweils unterschiedlich.**

Pompeji ist eine der vielen Touristenattraktionen Italiens, liegt auf dem vierzigsten Längengrad und ist ca. neun Kilometer von Neapel sowie ungefähr siebenhundert Meter vom Meer entfernt. Diese Stadt wurde in der etwa siebenhundertjährigen Geschichte von zahlreichen Völkern, wie z. B. den Griechen, Etruskern und Römern, bewohnt. Pompeji liegt am Rande eines eintausenddreihundert Meter hohen Vulkans, der Vesuv genannt wird. Beim Ausbruch dieses Berges im Jahre 79 n. Chr. wurde die Stadt vollständig verschüttet und mehrere Jahrhunderte lang völlig vergessen. Im achtzehnten Jahrhundert entdeckten Archäologen bei Grabungen das antike Städtchen, und damit begann die zweite Geschichte dieser Stadt, da sie jedes Jahr unzählige Urlauber besuchen.

Präpositionen (Verhältniswörter)

1 VERSTEHEN

Präpositionen (Verhältniswörter) drücken **Beziehungen zwischen Personen, Gegenständen und Sachverhalten** aus. Sie werden **nicht flektiert**, allerdings können sie mit einem Artikel verschmelzen, zum Beispiel:

in das = ins, in dem = im, an dem = am, um das = ums ...

Man unterscheidet folgende Arten von Präpositionen:

- **lokale Präpositionen**: **in, auf, unter, am, zwischen ...**
  Sie bezeichnen räumliche Verhältnisse (Ort und Richtung).
  neben der Kiste, auf dem Herd
- **temporale Präpositionen**: **um, am, nach, in, vor ...**
  Sie drücken zeitliche Beziehungen (Zeitpunkt und Zeitdauer) aus.
  in vierzehn Tagen, nach drei Monaten, vor einer Woche
- **kausale Präpositionen**: **aus, wegen, mit, trotz ...**
  Sie geben einen Grund, einen Zweck oder eine Ursache an.
  aufgrund der vielen Verletzten, trotz des Regens
- **modale Präpositionen**: **mit, ohne, bei, fast ...**
  Sie bezeichnen die Art und Weise sowie die Begleitumstände.
  mit dem Schwert, ohne Mitgefühl

2 ÜBEN

1 Beantworte die Fragen anhand des Bildes eines Gladiators und markiere die dabei gebrauchten Präpositionen. Schreibe in dein Heft.

a) Wo trägt er seinen Helm?
b) Wo hält er sein Schwert?
c) Wo ist sein Rundschild?
d) Wo trägt er das Visier?
e) Wo befindet sich sein Beinschutz?
f) Wo ist sein Armschutz?

2 Schreibe eine passende Präposition hinter das Verb.

denken .... achten .... sich ärgern ....

sich verlassen .... sich wenden .... suchen ....

3 Schreibe eine passende Präposition hinter das Adjektiv und ergänze den Begriff sinnvoll.

Adjektiv	Präposition	sinnvolle Ergänzung
wichtig	*für*	*das Leben*
reich		
vergleichbar		
verantwortlich		
stolz		
bereit		
neugierig		

4 Manche Verben sind eng mit einer Präposition verbunden. Verbinde die Satzelemente mit Strichen zu einem sinnvollen Satz.

Ich denke		die verlorene Münze.
Ich achte	**über**	meine Termine.
Er ärgert sich		seine Witze.
Wir verlassen uns	**an**	deine Hilfe.
Sie lacht	**auf**	meine Ernährung.
Wendet euch		diesen Herrn dort.
Sie kümmern sich	**um**	den Verletzten.
Ich frage	**nach**	dem Weg.
Es handelt sich		eine ernste Sache.

5 Handelt es sich bei den fett gedruckten Wörtern um Präpositionen (Präp.), Adverbien (Adv.), Adjektive (Adj.) oder Konjunktionen (Konj.)?

„Gladius" heißt **im** ....Präp.... Lateinischen das Schwert. **Deshalb** .... wurden die Berufskämpfer, deren Ausbildung **sehr** .... viel Geld kostete **und** .... die **bei** .... **öffentlichen** .... Veranstaltungen **für** .... Aufsehen sorgten, Gladiatoren genannt. Bevor der Kampf begann, marschierten alle Teilnehmer in die Arena, um sich dem Publikum zu präsentieren. **Nach** .... der Präsentation kehrten sie in die Katakomben zurück, da **in** .... der Regel nur zwei Gladiatoren **gleichzeitig** .... **miteinander** .... kämpften. Der Zweikampf wurde beendet, **indem** .... einer der beiden Kontrahenten getötet wurde oder der Unterlegene aufgab und begnadigt wurde.

6 Setze folgende mit einem Artikel verschmolzene Präpositionen in die passenden Lücken des Berichts über Cäsars Ermordung ein.

im – zum – vom – ins – beim – zur – hinters – am

Gaius Julius Cäsar war .... Alleinherrscher Roms aufgestiegen und hatte sich damit nicht nur Freunde gemacht. .... 15. März des Jahres 44 v. Chr. versammelte sich der Senat Roms .... Saal des Pompeiustheaters. Cäsar wolllte nicht .... Theater gehen. Doch Cäsars Vertrauter Brutus führte ihn .... Licht und überredete den Herrscher schließlich .... Teilnahme .... Treffen des Senats. Einige

Senatoren zogen unerwartet ihre Dolche und stachen zu. Auch .... Messer seines Ziehsohns Brutus durchbohrt, starb der mächtigste Mann Roms. An dieses Verbrechen erinnert noch heute Cäsars berühmt gewordener Satz: „Auch du, Brutus?"

3 KÖNNEN

TEST **Setze die Präpositionen jeweils an der passenden Stelle im Satz ein und entscheide, ob es sich um eine lokale (l), temporale (t), kausale (k) oder modale (m) Präposition handelt.**

am (2x), auf, aufgrund, in, mit, neben, ohne, trotz, um (2x), unter, von, wegen

...Wegen..... (k) der großen Hitze wurden die Gladiatoren erst .... ( ) fünf Uhr .... ( ) Nachmittag .... ( ) die unterirdischen Katakomben des Kolosseums gebracht. .... ( ) Anfang herrschte .... ( ) den Kämpfern eine angespannte Stimmung. Jeder wusste, dass es ( ) sein Leben ging. Alle wurden .... ( ) schweren Waffen ausgerüstet. .... ( ) dem Schwert waren auch die Axt und das Netz beliebte Waffen. Nachdem der Kampf begonnen hatte, ließen sich die Gladiatoren .... ( ) der begeisterten Menschenmenge mitreißen und kämpften .... ( ) ihrer Bedenken .... ( ) Rücksicht .... ( ) Verluste. .... ( ) der Aussicht, die Freiheit zu erlangen, kämpften die Gladiatoren besonders motiviert.

Präpositionen und nachfolgender Kasus (Fall)

1 VERSTEHEN

Präpositionen bestimmen oftmals **den Kasus (Fall) des nachfolgenden Nomens**:

- **Präpositionen mit dem Dativ:**
  mit, dank, seit, nach, binnen, zu ...
  Diese Präpositionen ergeben zusammen mit **„wem oder was?"** die Frage nach dem durch sie eingeleiteten Satzglied.
  Die Gladiatoren kämpfen mit dem Schwert (Dativ).
  Mit wem oder was kämpfen die Gladiatoren?
  Antwort: mit dem Schwert
  Präpositionen mit dem Dativ oder Akkusativ:
  an, auf, neben, in, zwischen, unter ...
  Geben Präpositionen Auskunft auf die Frage **„wo?" (Ort)**, muss das nachfolgende Nomen im **Dativ** stehen.
  Der Gladiator liegt am Boden (Dativ).
  Wo liegt der Gladiator? – Antwort: am Boden
  Geben Präpositionen Auskunft auf die Frage **„wohin?" (Richtung)**, steht das nachfolgende Nomen im **Akkusativ**.
  Der Gladiator legt sich auf den Boden (Akkusativ).
  Wohin legt sich der Gladiator?
  Antwort: auf den Boden
- **Präpositionen mit dem Akkusativ:**
  durch, ohne, gegen, um, wider ...
  Diese Präpositionen ergeben zusammen mit **„wen oder was?"** die Frage nach dem durch sie eingeleiteten Satzglied.
  Für die Sklaven (Akkusativ) war die Arbeit meist sehr hart.
  Für wen oder was war die Arbeit meist sehr hart?
  Antwort: für die Sklaven
- **Präpositionen mit dem Genitiv:**
  anstelle, anstatt, aufgrund, infolge, inmitten ...
  Diese Präpositionen ergeben zusammen mit **„wessen?"** die Frage nach dem durch sie eingeleiteten Satzglied.
  Trotz des schlechten Wetters (Genitiv) fanden die Gladiatorenspiele statt.
  Trotz wessen fanden die Gladiatorenspiele statt?
  Antwort: trotz des schlechten Wetters

2 ÜBEN

1 Unterstreiche alle Präpositionen und bestimme den Kasus des jeweils nachfolgenden Nomens. Schreibe in dein Heft.

Die meisten Römer hatten kein fließendes Wasser und gingen deshalb außer Haus zur Körperpflege ins öffentliche Bad. In der Therme wuschen sie sich mit warmem Wasser und ließen sich abseits des Trubels durch einen Masseur verwöhnen. Beim Toilettengang saßen sie in einer Reihe, verrichteten ihr Geschäft und unterhielten sich beispielsweise über die letzten Fechterspiele.

2 Ergänze mit einer Präposition und setze das Nomen in den richtigen Kasus.

Die Herrin des Landhauses ärgert sich ....

(der Sklave), da er ihr nicht ....

(die Küchenarbeit) helfen kann. Der neue Sklave hat Angst

.... (seiner Herrin), da diese

.... (große Wutausbrüche) neigt.

3 KÖNNEN

TEST **Hier stimmen an einigen Stellen die Präpositionen und der Kasus der Nomen nicht. Schreibe den Text richtig ins Heft.**

Bei ihrer Freizeit wollten die Römer Spaß. Die Veranstaltungen auf spannenden Kämpfe und vielen Zuschauern liebten sie sehr. Seit großen Rennstrecken, dem sogenannten Circus Maximus, fanden die Wagenrennen statt. Ein Fahrer stand ohne jeden Wagen und hielt die Zügel auf vier eingespannten Pferd fest, die man auch Quadriga nannte. In der Anzahl der Pferde konnten die Gespanne gegen kurzer Zeit ein hohes Tempo vorlegen und parierten auch über den Kurve für Mühen.

1 VERSTEHEN

Adverbien

Adverbien (Umstandswörter) haben die Aufgabe, **Umstände** näher zu bestimmen. Sie machen genauere Angaben über den **Ort**, die **Zeit**, die **Art und Weise** und die **Gründe**. Sie beantworten also die Fragen, **wo, wann, wie** und **warum** etwas geschieht. Adverbien sind in der Regel **unflektierbar**, aber manchmal können sie wie Adjektive gesteigert werden (z. B. oft – öfter – am öftesten).
Adverbien stehen meistens bei einem **Verb** (lat. ad = bei). Sie können sich aber auch auf ein **Adjektiv, ein weiteres Adverb oder ein Nomen** beziehen.

Es regnet draußen. Er isst gerne.
Sie ist überaus schön.
Wir gehen sehr selten spazieren.
Siehst du den Baum dort?

Adverbien lassen sich hauptsächlich unterscheiden in:

1. **Lokaladverbien** (Umstandswörter des Ortes)
   Erkennungsfragen: Wo? Wohin? Woher?
   hier, überall, draußen, nebenan, irgendwo ...
2. **Temporaladverbien** (Umstandswörter der Zeit)
   Erkennungsfragen: **Wann? Seit wann? Wie oft? Wie lange?**
   heute, oft, abends, bald, schon ...
3. **Modaladverbien** (Umstandswörter der Art und Weise)
   Erkennungsfragen: **Wie? Auf welche Weise? Wie sehr?**
   allein, vielleicht, fast, sehr, gerne ...
4. **Kausaladverbien** (Umstandswörter des Grundes)
   Erkennungsfragen: **Warum? Weshalb? Wodurch? Wozu? Wofür? Zu welchem Zweck?**
   darum, deswegen, dadurch, somit, folglich ...

Ein Adverb kann leicht mit einem Adjektiv verwechselt werden.
Mit der Einsetzprobe kann man immer feststellen, ob ein Wort ein Adjektiv oder ein Adverb ist. Adjektive lassen sich zwischen Artikel und Nomen einsetzen und deklinieren: **Das Haus ist groß. Das große Haus.**

Mit Adverbien ist dies nicht möglich: **Das Haus steht nebenan. Das „nebenane" Haus**, diese Form gibt es im Deutschen nicht!

2 ÜBEN

1 Suche jeweils das gegenteilige Adverb.

a) oben – ....
b) nirgendwo – ....
c) immer – ....
d) abwärts – ....
e) innen – ....
f) rückwärts – ....
g) abends – ....
h) oft – ....

2 Worüber geben die im Text unterstrichenen Adverbien Auskunft? Vervollständige die nachfolgende Tabelle und ordne die Adverbien in die richtige Spalte ein.

Viele Wissenschaftlerinnen und Wissenschaftler haben immer wieder vor den Auswirkungen des Klimawandels gewarnt. Deswegen macht sich vor allem die junge Generation völlig zu Recht Sorgen um ihre Zukunft. Somit entstand vor einigen Jahren die Bewegung „Fridays for Future“. Greta Thunberg saß jeden Freitag ganz alleine draußen vor dem Parlament in Stockholm und demonstrierte dafür, dass es am besten sofort eine andere Klimapolitik geben müsste. Manchmal gab es Kritik an diesem „Schulstreik für das Klima“, aber dennoch gingen bald immer mehr Jugendliche jeden Freitag für den Klimaschutz auf die Straße. Inzwischen gibt es überall auf der Welt zahlreiche Demonstrationen, bei denen sich Menschen jeden Alters für einen besseren Klimaschutz einsetzen.

temporal	kausal		modal
(Zeit)	(Grund)	(Ort)	(Art und Weise)
Wann? Wie oft?		Wo? Wohin?	

TIPP

Der Begriff **Adverb** ist die Bezeichnung für eine **Wortart** (wie Nomen, Verb, Adjektiv), der Begriff **adverbiale Bestimmung** ist die Bezeichnung für ein **Satzglied** (wie Subjekt, Prädikat, Objekt). Die Begriffe solltest du nicht verwechseln.

3 Hier sind Adverbien und Konjunktionen durcheinandergeraten. Unterstreiche alle Adverbien.

ohne dass – indem – dass – sodass – deswegen – sondern – folglich – daher – dennoch – weil – trotzdem – dann – oft – obgleich – damit – während – so – obwohl – und – darum – denn – als

4 Bestimme, ob es sich bei den fett gedruckten Wörtern um Adverbien oder Adjektive handelt. Denke daran, dass sich Adverbien meist nicht flektieren lassen. Schreibe in dein Heft.

Eines der **wichtigsten** Ziele des Klimaschutzes ist die Reduzierung von Treibhausgasen. Dies ist nur **möglich**, wenn sich Wirtschaft und Politik, aber auch viele Privatpersonen **stets** darum bemühen. **Deswegen** ist es **logisch**, dass es **regelmäßige** Hinweise und Aufrufe zu diesem Thema geben sollte. Seit **vielen** Jahren haben **zahlreiche** Wissenschaftlerinnen und Wissenschaftler auf die Gefahren des von Menschen verursachten Klimawandels hingewiesen, zum Beispiel **bereits** im Jahre 1972 durch den Bericht des „Club of Rome“. Auch **heute** gibt es leider **dennoch** Menschen, die nicht erkennen wollen, dass wir unseren **einzigartigen** Planeten eines Tages nicht mehr retten können, wenn wir unser Verhalten nicht **sofort** ändern.

5 Setze in die Lücken passende Adverbien aus dem kleinen Wortspeicher ein.

außerdem – wieder – oft – dadurch – heute – trotzdem – dann

.... wird gefragt, was einzelne Personen für den Klimaschutz tun können. Es gibt zahlreiche Möglichkeiten, das eigene Verhalten so zu ändern, dass .... die Umwelt weniger geschädigt wird.

Man könnte Autofahrten vermeiden und dafür .... vermehrt das Fahrrad nutzen. .... könnten wir seltener fliegen und öfter mit dem Zug fahren. Eine wichtige Rolle spielt .... auch der Konsum. Wenn wir weniger Fleisch essen, können wir uns .... gut und gesund ernähren. Plastikprodukte sollten vermieden werden. .... hat der Planet Erde vielleicht doch noch eine Chance zu überleben.

TIPP

Manche Grammatiken führen noch eine fünfte Gruppe von Adverbien an: die **Interrogativadverbien (Frageadverbien)**. Sie sind Wörter in einem Fragesatz, die nach den Umständen (Ort, Zeit, Ursache, Art und Weise, Zweck) fragen, unter denen das, was im Satz ausgeführt wird, erfolgt. Sie stehen meist an der Spitze des Fragesatzes und gehören mit den Interrogativpronomen zu den Fragewörtern.

inwiefern, inwieweit, wann, warum, weshalb, weswegen, wie, wiefern, wieso, wo, wobei, wodurch, wofür, wogegen, woher, wohin, womit, wonach, woran, worauf, woraus, worin, worüber, worum, worunter, wovon, wovor, wozu ...

6 Stelle zu folgenden Antworten die passenden Fragen mit einem geeigneten Interrogativadverb. Schreibe in dein Heft.

a) Der Klimawandel wird durch die Kohlendioxid-Belastung beschleunigt.
b) Die Klimakonferenz in Paris fand im Jahr 2015 statt.
c) Die Katastrophe muss mit allen Mitteln aufgehalten werden.
d) Die Bewegung „Fridays for Future“ begann in Stockholm.
e) Umweltschutz ist wichtig, weil wir nur einen Planeten haben.
f) Die Klimaaktivistin Greta Thunberg kommt aus Schweden.

7 Dies sind alles Zeitangaben. Unterstreiche nur die Adverbien.

häufig – heute – selten – oft – jede Woche – immer – ewig – stets – nie – regelmäßig – gelegentlich – täglich – zuerst – spät – ständig – sofort

8 Unterstreiche das Adverb in den Sätzen und stelle fest, wie es erfragt werden kann.

Die Klima-AG trifft sich <u>nachmittags</u> in der Schule.

Wann trifft sich die Klima-AG?

a) Die Jungen und Mädchen sitzen vorn in der Aula.

....

b) Sie sprechen heute über das neue Umweltprojekt.

....

c) Sie möchten sehr gerne das Problem mit der Mülltrennung in der Schule lösen.

....

d) Deswegen beschließen sie, in jeder Klasse ein Poster aufzuhängen.

....

....

9 Erfinde drei Sätze, die dem Muster der Sätze aus Aufgabe 8 folgen. Unterstreiche jeweils das von dir verwendete Adverb. Schreibe in dein Heft.

3 KÖNNEN

TEST **Unterstreiche die Adverbien und ordne sie in einer Tabelle den vier Hauptgruppen zu.**

Eine große Gefahr für die Umwelt ist die ungeheure Menge an Plastikmüll, die heute produziert und überall auf der Welt verteilt wird. Dadurch werden die Ozeane so verschmutzt, dass immer mehr Meeresbewohner wie zum Beispiel Delfine, Wale und Meeresschildkröten deswegen ihr Leben verlieren. Korallenriffe werden genauso zerstört wie die Lebensgrundlagen zahlreicher Seevögel. Folglich bemühen sich gegenwärtig zahlreiche Projekte und Organisationen, dieser Gefahr entgegenzuwirken. Größtenteils handelt es sich um Maßnahmen durch offizielle Institutionen, aber auch private Initiativen beteiligen sich immer wieder gerne an Umweltschutzaktionen, indem sie zum Beispiel Plastikmüll an Stränden und öffentlichen Plätzen aufsammeln. Seit einiger Zeit gibt es alljährlich den „World Cleanup Day", an dem sich weltweit schon Millionen von Menschen beteiligt haben. Beim Einkaufen können wir alle versuchen, unnötigen Plastikmüll zu vermeiden, indem wir stets Taschen oder Stoffbeutel anstelle von Plastiktüten und -verpackungen verwenden.

lokal	temporal	modal	kausal

Konjunktionen

1 VERSTEHEN

Konjunktionen (Bindewörter) verbinden Wörter, Satzteile und Sätze miteinander. Sie können nicht flektiert werden, d. h., sie verändern nie ihre Form. Es gibt **eingliedrige** Konjunktionen, wie **weil, aber** …, aber auch **mehrgliedrige** Konjunktionen, wie **sowohl … als auch, weder … noch**. Man unterscheidet die **nebenordnenden** von den **unterordnenden Konjunktionen**.

Nebenordnende Konjunktionen, wie **und, aber, oder, denn, sowohl … als auch, sondern**, verbinden Wörter, Wortgruppen und Hauptsätze, die grammatisch **gleichrangig nebeneinander** stehen.

> **Durch die Erderwärmung werden die Menschen weltweit extreme Hitzewellen und katastrophale Dürren erleben.**
> **Es muss sofort etwas geschehen, denn es geht um das Überleben der gesamten Menschheit.**

Nebenordnende Konjunktionen lassen sich einteilen in
- **kausale (Grund, Ursache)** → **denn**,
- **adversative (Gegenteil / Widerspruch)** → **aber, sondern**,
- **kopulative (Reihung, Verbindung)** → **und, wie** und
- **alternative Konjunktionen (mehrere Möglichkeiten)** → **oder**.

ohne Komma werden verwendet	mit Komma werden verwendet
und*, oder, wie, sowie, sowohl … als auch, entweder … oder, weder … noch	aber, denn, sondern

*wenn nach **und** ein neuer Satz mit anderem Subjekt und Prädikat folgt, darf ein Komma gesetzt werden.

Unterordnende Konjunktionen, wie **weil, obwohl, als, da, nachdem, bevor, während, wenn, dass, leiten Nebensätze (NS) ein** und verbinden sie mit einem übergeordneten Satz. Dieser übergeordnete Satz kann ein Hauptsatz (HS) oder ein weiterer Nebensatz sein. Diese Konjunktionen sind **Kommawörter**, d. h., ihnen geht immer ein Komma voraus.

> **Die Erderwärmung muss auf 1,5 Grad begrenzt werden (HS), weil die Folgen sonst dramatisch wären (NS). Die Wissenschaft warnt uns seit Langem (HS), dass vor allem ärmere Länder betroffen sein werden (NS_1), wenn diese Begrenzung nicht gelingt (NS_2).**

Die unterordnenden Konjunktionen lassen sich nach der Art der gedanklichen Verknüpfung einteilen in

- temporale (Zeit) → **als, bevor, während, wenn**,
- modale (Art und Weise) → **dadurch … dass, indem, als**,
- kausale (Grund) → **weil, da, zumal**,
- finale (Absicht) → **damit, dass,**
- konditionale (Bedingung) → **falls, wenn, sofern,**
- konsekutive (Folge) →, **sodass (auch: so dass)** und
- konzessive Konjunktionen (Gegengrund) → **obwohl, obgleich**.

2 ÜBEN

1 Welches Wort ist eine Konjunktion? Kreise es ein und bestimme, ob es sich um eine neben- oder unterordnende Konjunktion handelt.

a) warum – während – weshalb – wieso ....

b) obwohl – ohne – obendrein – ohnegleichen ....

c) der – dessen – denn – danach ....

d) inzwischen – innen – insgesamt – indem ....

e) aber – auch – anders – alle ....

2 Welche Konjunktion ist die richtige? Unterstreiche sie.

a) … 2015 das Pariser Klimaabkommen unterzeichnet worden war, bestand wieder Hoffnung. **als / nachdem / falls / aber**

b) … die Erde zu retten, musste eigentlich sofort gehandelt werden. **indem / um / zumal / obgleich**

c) Wir können nicht warten, … die schlimmsten Folgen des Klimawandels eintreten. **weil / denn / während / bis**

3 Verbinde die beiden Sätze mithilfe einer unterordnenden Konjunktion zu einem inhaltlich korrekten Satz. Verwende die Wörter: *nachdem, sondern, da, weil, bevor, sofern …*

a) Erneuerbare Energien müssen gefördert werden. Sie können dazu beitragen, den Klimawandel aufzuhalten.

b) Viele Menschen müssen die Gefahr erst erkennen. Dann ändern sie ihr Verhalten.
c) Wir essen jetzt weniger Fleisch. Das ist klimafreundlich und gesund.

4 Setze in jede Lücke eine andere nebenordnende Konjunktion.

Zur Energiewende können .... Windräder .... Solaranlagen beitragen. Dafür müssen Wirtschaft .... Politik entsprechende Entscheidungen treffen. Aber auch Privatpersonen sollten sich regelmäßig fragen, ob sie mit dem Auto fahren müssen .... doch lieber mit dem Fahrrad fahren wollen.

5 Setze die nachfolgenden Konjunktionen in die Lücken. Achtung, einige Konjunktionen passen nicht.

sodass – falls – und – denn – oder – aber – da – dass – aber – obwohl – damit – indem – sondern

Jonas möchte mehr über seinen ökologischen Fußabdruck wissen, ... er möchte dazu beitragen, ... etwas gegen den Klimawandel .... dessen Folgen getan wird. .... er sich darum bemüht, seinen Beitrag zu leisten, ... er Plastik vermeidet .... weniger Fleisch isst, möchte er mehr tun, ... die Umwelt geschützt wird. Er lässt sich zum Beispiel nicht mehr mit dem Auto zur Schule fahren, ... nimmt das Fahrrad. .... er gerne wissen möchte, wie sein ökologischer Fußabdruck aussieht, nutzt er den CO_2-Rechner des Umweltbundesamtes. .... das Ergebnis nicht so gut ausfällt, wird er über weitere Verhaltensänderungen nachdenken, ... seine Bilanz sich verbessert. .... auf jeden Fall ist es bereits lobenswert, dass er sich so sehr für seinen individuellen Beitrag zum Klimaschutz interessiert und einsetzt.

3 KÖNNEN

TEST **Welche Sätze passen zusammen? Verknüpfe zwei Sätze mithilfe passender Konjunktionen zu einem inhaltlich logischen Satz. Benutze jede Konjunktion nur einmal. Schreibe in dein Heft.**

Die Treibhausgasemissionen müssen reduziert werden.	Die Meeresbewohner können überleben.
Plastikmüll muss vermieden werden.	Die Nutzung erneuerbarer Energien muss bevorzugt ausgebaut werden.
Die Klimaziele von Paris wurden 2015 vereinbart.	Die erneuerbaren Energien müssen stärker genutzt werden.
Der Kohleausstieg muss schneller erfolgen.	Wir sollten beim Einkaufen mehr Stofftaschen verwenden.
Die Ozeane müssen geschützt werden.	Alle Menschen versuchen, etwas dafür zu tun.
Es ist bequemer, mit dem Auto zu fahren.	Die Staaten wollten den Planeten retten.
Die Erde kann gerettet werden.	Wir sollten mehr mit dem Fahrrad fahren.

Es müssen sowohl die Treibhausgasemissionen reduziert als auch die erneuerbaren Energien stärker genutzt werden.

Interjektionen (Ausdruckswörter)

1 VERSTEHEN

Interjektionen (Ausrufewörter, Ausdruckswörter, Empfindungswörter) sind eine Art von Zwischenrufen oder Lauten, **die vor allem Empfindungen, Aufforderungen, aber auch Grußformen wiedergeben**.

hurra, juchhe, hey, yippie, aha, ach, hä, oje, oh, ätsch, nanu, pfui, hoppla, nanu, bäh, igitt, aua, autsch, wow, hey, hallo, prost, ahoi, tschüss ...

Sie stehen in der Regel vor, gelegentlich aber auch innerhalb des Satzes bzw. nach dem Satz und werden durch ein **Komma** von diesem abgetrennt.

Brr, ist das eine Kälte! **Ach**, wer hätte das gedacht. Da hat er ihm, **zack**, eine Ohrfeige gegeben. Das schmeckt furchtbar, **igitt**.

Eine spezielle Art der Interjektionen bilden die **Onomatopoetika (Nachahmungslaute)**.

put, put – piep, piep – miez, miez – puff – dong – ratsch – patsch ...

2 ÜBEN

1 Baue passende Interjektionen aus dem Wortvorrat ein.

ach, autsch, bäh, hä, oje

a) ...., das tut weh!

b) ...., wieso das denn?

c) ...., schon wieder Rindfleisch!

d) ...., wenn du wüsstest!

e) ...., das wird ein harter Winter!

2 Suche zu den Gefühlen passende Interjektionen.

Ekel	Freude	Schmerz	Bedauern
bäh			

3 Ordne die Interjektionen sinnvoll zu.

Feuerwehr	tütüt
Niesgeräusch	ritzeratze
Türglocke	klick
Schnappschloss	schnippschnapp
Besetztton	klingeling
Schere	hatschi
Säge	tatütata

4 Wo werden Interjektionen häufig verwendet? Schreibe in dein Heft.

3 KÖNNEN

TEST **Bestimme die Wortarten der mit einer Nummer versehenen Wörter. Schreibe in dein Heft.**

Was ist eigentlich mit den Gletschern **in** (1) den ersten Jahren des **einundzwanzigsten** (2) Jahrhunderts passiert?
Sie sind deutlich kleiner **geworden** (3). Im Hinblick auf **ihre** (4) zunehmende Abschmelzung muss **diese** (5) Entwicklung mit Besorgnis beobachtet werden, **weil** (6) dadurch zum Beispiel die Lebensräume der Eisbären **mit** (7) Sicherheit mehr und mehr gefährdet werden. Jonas ist deshalb zutiefst besorgt: „**Pfui** (8), das ist **gemein** (9). Eigentlich ist das doch ihre Heimat! Jetzt sind **sie** (10) eine gefährdete Spezies, weil sie nicht mehr genug **Futter** (11) für sich und ihre Jungen finden können. **Oje** (12), nun können wir nur noch versuchen, alle Menschen auf die Gefahr für die Eisbären aufmerksam zu machen, **sodass** (13) es ihnen vielleicht doch noch gelingen wird, **sich** (14) und ihren Nachwuchs zu retten."

Wortfelder

1 VERSTEHEN

Eine Gruppe von Wörtern mit gleicher oder ähnlicher Bedeutung nennt man **Wortfeld**.

Sagen, raunen, räuspern, erzählen, flüstern, murmeln, schreien, zischen sind alles Wörter, die eine bestimmte Art des „Redens" darstellen.

Wörter mit fast gleicher Bedeutung heißen **Synonyme**.

sprechen, reden, erzählen

2 ÜBEN

1 Ein Wort passt nicht in die Wortfeldreihe. Streiche es durch.

a) malochen – schuften – arbeiten – verköstigen – ackern
b) schlendern – probieren – marschieren – schlittern – stolzieren
c) schlemmen – decken – schlürfen – kosten – verschlingen
d) anrufen – zeichnen – kritzeln – malen – skizzieren
e) starren – blicken – schauen – kitzeln – sehen

2 Finde ein passendes Synonym.

a) stammeln – ....

b) meckern – ....

c) klagen – ....

d) petzen – ....

e) angeben – ....

3 In der Wörterschlange haben sich Wörter aus den Wortfeldern *langweilig*, *interessant* und *teuer* versteckt. Findest du sie? Schreibe sie sortiert in dein Heft.

gutfesselndverliebenödenichtkostspieligauchunerschwinglich
fadgünstigpackendpreiswertwenigerunspektakulärnichtsspannend
wertvollvonwertloskostbarverdienenintelligentuninteressantfester
füreinschläferndgoldig

TIPP

Mit treffenden Verben kann man Geschichten spannender erzählen. Man kann mit den verschiedenen Wörtern eines Wortfeldes auch unterschiedliche Wirkungen erzielen und sehr genau beschreiben.

4 In diesem Suchfeld sind waagrecht, senkrecht und diagonal Wörter aus dem Wortfeld *klein* versteckt. Findest du alle acht Begriffe?

Z	W	E	R	G	E	N	H	A	F	T	M	I
I	N	T	I	E	R	H	S	C	H	A	U	H
E	I	W	G	R	T	B	C	H	A	P	T	G
R	T	Z	W	I	B	C	H	O	E	R	I	K
L	P	D	Y	N	L	Z	M	I	P	Z	A	E
I	P	A	S	G	U	S	A	S	N	H	E	K
C	M	I	N	I	M	A	L	I	E	J	Ö	L
H	A	E	O	N	G	A	W	K	N	A	P	P

3 KÖNNEN

TEST Lebewesen bewegen sich oftmals auf eine besondere Art und Weise. Finde Verben, die die Fortbewegung der nachfolgenden Tiere passend beschreiben. Als Tipp gibt es immer den Anfangsbuchstaben des zu findenden Verbs. Schreibe in dein Heft.

Frosch – springen; Eichhörnchen – k... ; Hase – h...; Schmetterling – f...; Ameise – k...; Maus – t...; Adler – k...; Käfer – l...; Schnecken – k...; Storch – s...; Pferd – g...; Schlange – sch...; Qualle – sch...; Ente – w...; Schwan – g...; Elefant – m...; Jaguar –sch...; Zebra – t...; Fisch – sch...; Königsreiher – s...; Grashüpfer – h...

Wortfamilien

1 VERSTEHEN

Wörter mit **gleichem Wortstamm** sind sprachlich verwandt und werden deshalb **Wortfamilie** genannt:
Zur Wortfamilie mit dem Wortstamm **„spiel"** gehören Wörter wie **spielen, Spielplatz, Fußballspiel, Beispiel, verspielt, mitspielen, bespielbar …**
Manchmal **verändert** sich allerdings innerhalb der Wortfamilie der Wortstamm.

trink: trinken, Tränke, betrunken, Getränk …

Innerhalb einer Wortfamilie können neue Wörter gebildet werden durch:

- **Veränderung des Stammvokals:**
  trinken – Getränk – Umtrunk …
- **Anfügen eines Präfixes (Vorsilbe):**
  betrinken – austrinken
- **Anfügen eines Suffixes (Nachsilbe):**
  trinkbar – Trinkbarkeit – trinkfest
- **Zusammensetzungen mit anderen Wörtern:**
  Trinkbecher – Trinkgeld

2 ÜBEN

1 Finde die fehlenden Wörter und trage sie unten ein.

				1.			L	E	B											
		2.					L	E	B											
		3.					L	E	B											
						4.	L	E	B											
						5.	L	E	B											
6.							L	E	B											
						7.	L	E	B											
						8.	L	E	B											
						9.	L	E	B											
			10.				L	E	B											
						11.	L	E	B											
						12.	L	E	B											

1. Du warst im Zirkus. Du hattest ein tolles ???.
2. An deinem Geburtstag lassen dich deine Freunde ???.
3. Deine Hamster sterben bereits nach zwei Jahren, aber deine Landschildkröte ist ???.
4. Die Ehe wird auch ??? genannt.
5. Herz und Lunge sind Organe, die für den Menschen ??? sind.
6. Wenn ich zwei verschiedene Existenzen habe, führe ich ein ???.
7. Ein Playboy wird auch als ??? bezeichnet.
8. Der Tod ist das ???.
9. Ein anderes Wort für Vitalität ist ???.
10. Wir ??? gerade traumhafte Ferien an der Küste.
11. Der Vogel liegt ??? auf dem Boden und bewegt sich nicht.
12. Bei der Bewerbung musst du einen ??? abgeben.

2 Bilde möglichst viele verschiedene Wörter der Wortfamilie *schreiben*. Die Übersicht unten kann dir helfen.

Vorfeld	Wortstamm	Nachfeld
		-en
		-er
be-		-e
ver-		-ung
vor		-keit
an		-lich
auf		-ling
aus	schreib	Tisch
um	schrieb	Sprache
ab	schrift	Stoff
mit		Art
nach		Kraft
unter		Bild
Recht		Weise
schön		Reform
ge-		Satz
		gewandt
		faul

3 **Der Wortstamm heißt *lehr*. Schreibe dazu mindestens zwölf Wörter aus der Wortfamilie in deinem Heft auf.**

4 **Finde die vier verschiedenen Wortfamilien. Kreise alle Wörter, die zu einer Wortfamilie gehören, einheitlich ein. Vorsicht, fünf Wörter passen nicht.**

Spaziergang – sagenhaft – reden – aussprechen – Versager – Einkäufer – Ausgang – Einkaufszettel – Auswahl – Vorgänger – Geheimsprache – Versehen – eingegangen – angesagt – Sage – verkaufen – käuflich – zweisprachig – bezahlen – vorgehen – Aussage – Kaufhaus – Sprecherin – Aussprache – neidisch

5 **In Aufgabe 4 bleiben fünf Wörter übrig. Schreibe für jedes dieser Wörter eine Wortfamilie in dein Heft. Manchmal hilft ein Blick in ein Wörterbuch.**

6 **Knobelaufgabe für findige Köpfe: In jeder Spalte darf nur ein Wortstamm eingesetzt werden. Denke daran, dass dieser in verschiedenen Formen vorkommen kann.**

Ver............................	....................schaftlich	zer..........................ern
.......................twende	be...........................et	..............................lich
Kamin.......................er	un..........................lich	klitze..........................
umge........................t	..........................schaft	.............................kind
....................maschine	Duz...........................	.............................laut
ver...........................t	an...........................en	Hühner.......................
um.........................en	..........................chen	..........................igkeit
............................aus	Busen......................in	ver.........................ert
..........................blech	..................schaftsspiel	.........................kariert

3 KÖNNEN

TEST **Die drei Wörter einer Zeile sollen zu einer Wortfamilie gehören. Vervollständige die Tabelle.**

Nomen	Verben	Adjektiv
der Verkauf	*verkaufen*	*verkäuflich*
		aussagekräftig
der Geschmack		
		groß
	trinken	
die Farbe		
	feiern	
die Verbindung		
		feucht
	erklären	
	helfen	
der Stich		
der Trost		
	entscheiden	
		fremd
das Wunder		
		dunkel
	beißen	
der Schlaf		
		arg

2. Satzglieder

2.1 Satzglieder erkennen

Umstellprobe

1 VERSTEHEN

Jeder **Satz** besteht aus verschiedenen **Satzgliedern**. Diese können aus **einem** oder **mehreren Wörtern** bestehen. Es ist sogar möglich, dass ganze **Gliedsätze** Satzglieder sind.

Bei der **Umstellprobe** wird herausgefunden, welche Wörter zusammen ein Satzglied bilden.

Du gehst so vor:
Stelle die Wörter eines Satzes **so um**, dass sich der **Sinn nicht verändert**. Alle Wörter, die sich **nur gemeinsam** umstellen lassen, bilden zusammen ein Satzglied.

Die Spessarträuber	wohnen	traditionell	in Höhlen.
1	2	3	4

Traditionell	wohnen	die Spessarträuber	in Höhlen.
3	2	1	4

In Höhlen	wohnen	traditionell	die Spessarträuber.
3	2	1	4

Satzglieder können auch durch die **Ersatzprobe** ermittelt werden.

Das geht so:
Ersetze hierbei die **Satzglieder** durch einzelne **Wörter**, etwa Pronomen, oder **Wortgruppen**.

Viele Schilder	helfen	den Touristen	beim Auffinden der Wege.
Sie	helfen	ihnen	dabei.

Viele Besucher	lesen	die informativen Schautafeln	bei Pausen.
Sie	lesen	diese	dabei.

2 ÜBEN

1 Füge die einzelnen Wörter zu einem sinnvollen Satz zusammen.

Bayern Mittelgebirge ist Hessen ein

Spessart den in Der und Bundesländern

....

....

2 Schreibe alle Möglichkeiten in deinem Heft auf, die sich ergeben, wenn man die Umstellprobe durchführt. Zeichne einen Kasten um jedes Satzglied.

TIPP Indem du die Umstellprobe anwendest und damit Satzglieder an den Anfang deines Satzes stellst, kannst du sie besonders betonen.

3 Stelle die Sätze um. Betone dabei das unterstrichene Satzglied.

a) Den Spessart umgeben im Großen und Ganzen drei Flüsse.

....

b) Sie heißen Main, Kinzig und Sinn.

....

c) Das waldreiche Mittelgebirge besitzt typische Kuppen.

....

d) Die Tiefen des Spessarts werden in besiedelten Gebieten landwirtschaftlich genutzt.

....

e) Die Höhen bedecken im Wesentlichen Eichen- und Buchenwälder.

....

f) Die Höhe der Gipfellagen beträgt zwischen 450 und knapp 600 m mit der höchsten Erhebung namens Geiersberg.

....

g) Meistens besteht der Untergrund im Spessart aus Buntsandstein.

....

4 Ersetze die Satzglieder.

Der Spessart beherbergt das romantische Wasserschloss Mespelbrunn.

Er beherbergt es.

a) Dieses Gebäude wurde als Wohnsitz des Geschlechts der Echter genutzt.

....

b) Mespelbrunn wurde in den Kriegen verschont.

....

c) Der Erhalt liegt an der abseitigen Lage.

....

d) Neben der Nutzung als Museum dient das Schloss als

Wohnhaus der Grafen von Ingelheim.

....

e) Das Wasserschloss Mespelbrunn lockt sehr viele Touristen an.

....

3 KÖNNEN

TEST **Unterstreiche alle Satzglieder. Führe dazu in deinem Kopf die Umstellprobe durch. Schreibe anschließend den Text ab und ersetze dabei das jeweils erste Satzglied eines Satzes durch geeignete Wörter (Ersatzprobe). Notiere anschließend, was dir beim neuen Text auffällt.**

Der Spessart wurde vor vielen Jahren durch markierte Wanderwege für Touristen erschlossen. Der älteste und bekannteste Wanderweg ist der „Eselsweg“. Heimatforscher nennen solche Wege „Altstraßen“. Der Eselsweg führt über den Hauptkamm des Spessarts. Mittelalterliche Eselskarawanen gaben dieser Straße den Namen. Der Fernwanderweg ist mit einem schwarzen „E“ auf den Schildern markiert. In beschaulicher Einsamkeit kann der Spessart auf diese Art durchwandert werden. Ortsdurchquerungen werden vermieden.

....

....

....

....

....

....

....

....

Auffälligkeiten beim neuen Text:

....

....

2.2 Subjekt und Prädikat – die Basis eines Satzes

Prädikat

1 VERSTEHEN

Beim **Prädikat** handelt es sich um die sogenannte **Satzaussage**. Es drückt aus, was geschieht oder getan wird. Damit macht das Prädikat eine Aussage über das Subjekt.
Das Prädikat besteht aus einem **Verb in einer flektierten Form**.
Prädikat und Subjekt stimmen in **Person** und **Numerus** überein.
Bei **reflexiven Verben** gehört das Wörtchen sich (oder: mich, dich, uns) mit zum Prädikat.
Manchmal besteht das Prädikat aus zwei Teilen. Dies nennt man dann eine **Prädikatklammer**. Sie entsteht bei Verben mit trennbarer Vorsilbe **(Präfix)** oder bei der Verwendung von **Modalverben**, zum Beispiel bei zusammengesetzten Zeiten.

Es gibt Frühlingsgefühle und Frühlingsmüdigkeit.
Mit Frühlingsgefühlen fühlt man sich heiter.
Das wird immer wieder anders sein.

Zur Wiederholung:
Die Personalform des Verbs steht
- beim Aussagesatz an zweiter Stelle,
- im Aufforderungssatz an erster Stelle,
- bei der Entscheidungsfrage an erster Stelle

und bei der Ergänzungsfrage an zweiter Stelle.
In Gliedsätzen steht die Personalform des Verbs zumeist an letzter Stelle.

2 ÜBEN

1 Unterstreiche alle Prädikate.

In sehr vielen Kulturen finden Feierlichkeiten zur Begrüßung des Frühlings statt. Wegen des milderen Wetters sind diese besonders in den gemäßigten Klimaregionen verbreitet. Auch bei den Osterbräuchen finden sich Frühlingselemente. Diese symbolisieren die mit dem Wiedererwachen der Natur verbundene Fruchtbarkeit. Das bekannteste Bild dafür ist der Osterhase.

2 Formuliere aus den Schlagzeilen richtige Sätze.

a) Juhu – endlich Frühling

....

b) Sonnenschein – Glücklichsein

....

c) Nach dunklen Tagen raus ans Licht

....

d) Eisdielen geöffnet

....

e) Volle Fußgängerzonen

....

3 KÖNNEN

TEST Unterstreiche alle Prädikate und zeichne jeweils einen Kasten um die Personalform des Verbs.

Im Februar wird als „fünfte Jahreszeit" in vielen Regionen Fasching gefeiert. Dieser Brauch nennt sich mancherorts auch Karneval oder Fastnacht. In der Zeit vor dem christlichen Fest Aschermittwoch wird mit großer Lebensfreude gefeiert. Das ist mit großer Ausgelassenheit und Fröhlichkeit verbunden. Übertreiben es da manche Menschen? Passt mal besser auf! Alle feiern gerne. Das ist auch jedem gegönnt. Nur muss selbst dieser Spaß auch einmal enden. Faschingsbräuche haben je nach Region spezielle Eigenarten. Das verbindet sich oft mit einer Kritik an den Mächtigen. Dennoch ist hier viel Liebe zur Heimat enthalten. Findest du das alles gut? Entscheide selbst!

Subjekt

1 VERSTEHEN

Beim **Subjekt** handelt es sich um den sogenannten **Satzgegenstand**. Es ist der Träger der Handlung oder des Geschehens und drückt aus, **wer** oder **was** etwas ist oder macht, sowie das, was geschieht.

Das Subjekt kann aus einem oder mehreren Wörtern bestehen; häufig ist es ein **Nomen**, oft **mit Artikel**, oder ein **Pronomen**. Manchmal wird das Subjekt ersetzt durch einen **Subjektsatz**, der zum Beispiel mit der Konjunktion **dass** eingeleitet wird.
Die Hilfsfrage lautet: **Wer oder was?**

Zu einem Satz gehören immer ein **Prädikat** und ein **Subjekt**, sie sind eng verbunden und stimmen in **Person** und **Numerus** überein. Das Subjekt steht immer im **Nominativ** (= 1. Fall).

Der Frühling kommt mit großem Vogelgezwitscher.
Endlich kommt der Frühling.
Dass die Vögel zwitschern, ist ein Zeichen für den Frühling.
Es wird aber auch Zeit.

TIPP Indem du alle Wörter weglässt (Weglassprobe), die nicht zum Prädikat und nicht zum Subjekt gehören, kannst du feststellen, was für den Satz absolut nötig ist. So kannst du Wiederholungen und Umständlichkeiten vermeiden.

2 ÜBEN

1 Streiche alle Wörter, die nicht zum Subjekt und nicht zum Prädikat gehören. Schreibe die nun entstehenden kürzeren Sätze in dein Heft.

a) Im Frühling öffnen sich die Knospen.

b) Wenn der Schnee getaut ist, erwacht die Natur.

c) Weil sie wieder draußen spielen können, freuen sich besonders die Kinder.

2 Unterstreiche jeweils das Subjekt.

a) Bei manchen Gelegenheiten taucht auch das Wort Frühjahr auf.
b) Dass der Frühling eine von vier Jahreszeiten ist, muss nicht erklärt werden.
c) Das ist jedem Kind bekannt.

3 KÖNNEN

TEST **Unterstreiche die Subjekte und fülle die Lücken mit den entsprechenden Personalformen der Prädikate.**

Wohl mit der steigenden Helligkeit im Frühling .... (verbessern) sich das allgemeine Befinden der Menschen. Dies .... (bewirken) oft eine bessere Laune. Auch .... (sein) der Wunsch nach trauter Zweisamkeit dann bei vielen Menschen größer. Dies .... (liegen) an der verstärkten Ausschüttung von Hormonen. Zumindest .... (behaupten) das manche Menschen. Einen wissenschaftlichen Beweis .... (erbringen) dafür noch niemand. Möglicherweise .... (entstehen) diese Frühlingsgefühle eher wegen der leichteren Kleidung der Menschen. Manche Menschen .... (fühlen) dagegen eine Frühjahrsmüdigkeit. Ein Grund .... (sein) das Schlafhormon Melatonin. Dieses .... (beeinflussen) uns noch sehr stark. Auch hierbei .... (wissen) niemand die genaue Ursache.

2.3 Die Objekte

Akkusativobjekt

1 VERSTEHEN

Beim **Akkusativobjekt** handelt es sich um die **Satzergänzung im 4. Fall**. Es legt dar, **wen** oder **was** eine Handlung oder ein Geschehen betrifft.

Das Akkusativobjekt besteht zumeist aus einem **Nomen**, oft **mit Artikel und einem oder mehreren Attributen**, oder einem **Pronomen**. Es ist ersetzbar durch einen **Objektsatz** oder durch eine **Infinitivkonstruktion mit zu**. Der Objektsatz wird oft mit der Konjunktion **dass** eingeleitet.

Die Hilfsfrage lautet: **Wen? Was?**

Im Sommer besuchen wir den Badesee.
Den Badesee besuchen wir im Sommer.
Wir besuchen im Sommer den Badesee.
Wir besuchen den Badesee im Sommer.

Wir verabreden einen Badeseebesuch.
Wir verabreden, dass wir einen Badesee besuchen.
Wir verabreden, den Badesee zu besuchen.

TIPP Je nach Stellung im Satz wird jedes Objekt besonders betont. Es kann, egal ob Akkusativ-, Dativ- oder Präpositionalobjekt, am Satzanfang, am Satzende oder beim Verb stehen.

2 ÜBEN

1 Unterstreiche jeweils das Akkusativobjekt.

a) Den Sommer lieben alle Kinder.
b) Manchmal findet man ihn allerdings zu heiß.
c) Dann machen sie aus, ins Schwimmbad zu gehen.
d) Sie vermissen dann nicht, dass sie keinen Sommerurlaub in Italien haben.
e) Der Sommer erfreut sie auch daheim.

❷ Verschiebe das Akkusativobjekt in weitere mögliche Positionen im Satz. Unterstreiche es jeweils. Schreibe in dein Heft.

a) Im Sommer genießen wir den Urlaub.
b) Wenn das Eis schmeckt, loben wir den Eisdielenverkäufer.
c) Den größten Spaß haben die Kinder im Schwimmbad.
d) Ein milder Abend beendet den langen Tag.

❸ Ersetze das Akkusativobjekt durch einen Objektsatz und dann durch eine Infinitivkonstruktion mit *zu*. Schreibe in dein Heft.

a) Es erfreut uns das abendliche Grillen.
b) Das warme Wetter ermöglicht ein langes Aufbleiben.
c) Der leckere Duft bewirkt einen Bärenhunger.
d) Jedes Mal verabreden wir ein neues Treffen.

3 KÖNNEN

TEST **Formuliere die Hilfsfrage, die das Akkusativobjekt des Satzes zur Antwort hat.**

a) Eine Hitzewelle fürchten gerade ältere Leute.

....

b) Der Kreislauf beginnt, Schwierigkeiten zu machen.

....

c) Trotzdem lieben wir den Sommer.

....

d) Er ermöglicht uns, viel Spaß zu haben.

....

e) Wir glauben, dass der Sommer die tollste Jahreszeit ist.

....

Dativobjekt

1 VERSTEHEN

Beim **Dativobjekt** handelt es sich um die **Satzergänzung im 3. Fall**. Es kann ermittelt werden mit der Frage „**Wem?**"
Das Dativobjekt besteht zumeist aus einem **Nomen**, oft mit Artikel, und einem oder mehreren Attributen, oder einem **Pronomen**.

Im Herbst sehen die Wälder bunten Teppichen ähnlich.
Manchen Bäumen fehlen allerdings schon alle Blätter.

2 ÜBEN

1 Unterstreiche jeweils das Dativobjekt.

a) Das Kind schenkt seiner Mutter ein paar Eicheln.
b) Die Tannenzapfen gleichen lustigen kleinen Figuren.
c) Noch ähnelt der Wald einem lustigen Tierpark.

2 Fülle die Lücken, indem du das richtig formulierte Dativobjekt einsetzt. Verwende dafür den Begriff in Klammern.

Das Wort *Herbst* und das englische Wort *harvest* sind verwandt. Sie entspringen .... (dieselbe Sprachwurzel). Letzteres entspricht .... (die Erntezeit). Auf der Nordhalbkugel werden .... (der Herbst) ungefähr die Monate September, Oktober und November zugeordnet. .... (der Volksmund) wird folgendes Sprichwort zugeschrieben: „Wer im Frühling nicht sät, ... (der) kann der Herbst keine Ernte bescheren."

3 Stelle den Satz so um, dass das Dativobjekt an erster Stelle im Satz steht. Schreibe in dein Heft.

a) Das Rehkitz schenkt seiner Mutter ein fröhliches Lächeln.
b) Es ähnelt dem süßen Filmbambi.
c) Gerne könnte es den Kindern als Kuscheltier dienen.

3 KÖNNEN

TEST Formuliere die Hilfsfrage, die das Dativobjekt des Satzes zur Antwort hat.

a) Dem Regen kann man nicht entkommen.

....

b) Der abendliche heiße Tee gleicht einer wundersamen Erholung.

....

c) Manche würden dem nichts vorziehen.

....

d) Das heiße Bad danach fehlt uns an einem perfekten Herbstabend nie.

....

e) Dem Herbst gilt mehr Aufmerksamkeit, als man so denkt.

....

f) Jeder Jahreszeit wohnt ihr eigener Charme inne.

....

g) Manchen Menschen sieht es ähnlich, nur auf den Sommer zu achten.

....

Präpositionalobjekt

1 VERSTEHEN

Beim **Präpositionalobjekt** handelt es sich um die **Satzergänzung mit einer Präposition**. Es legt dar, **für, durch, an** usw. **wem, wen** oder **was** etwas gemacht wird.
Das Präpositionalobjekt besteht aus einer **Präposition** mit einem **Nomen**, oft mit Artikel und **einem oder mehreren Attributen**, oder einem **Pronomen**. Es ist ersetzbar durch einen **Gliedsatz**, sehr oft eingeleitet durch **darüber, dass …** oder **dafür, dass …** usw.
Die Hilfsfrage lautet: **Präposition + Wem/Wen/Was?**

Für die Kinder ist Schnee ein großer Spaß.

Neben dem Rodeln lieben die Kinder das Eislaufen.

Er sorgt für viel Bewegung.
Er sorgt dafür, dass viel Bewegung herrscht.

Wir freuen uns über den Winter.
Wir freuen uns darüber, dass der Winter da ist.

TIPP Präpositionalobjekt und adverbiale Bestimmung sind nicht immer einfach voneinander zu unterscheiden.

2 ÜBEN

1 Unterstreiche jeweils das Präpositionalobjekt.

a) Für die Kinder ist das Skifahren ein schönes Erlebnis.
b) Neben diesem Sport kommt auch das Rodeln nicht zu kurz.
c) Durch den Schnee haben alle viel Spaß.
d) Unter den Kindern herrscht große Freude.
e) Sie fürchten sich nicht vor kalten Fingern.
f) Die viele Bewegung sorgt für innere Wärme.

TIPP Das Genitivobjekt ist die Satzergänzung im 2. Fall und kommt äußerst selten vor. Es wird häufig durch ein Präpositionalobjekt ersetzt:

Sie erinnerten sich **eines tollen Winters**.
Sie erinnerten sich **an einen tollen Winter**.

2 Unterstreiche die Genitivobjekte und ersetze sie in der folgenden Zeile durch Präpositionalobjekte.

a) Die Eltern erfreuten sich ihrer Kinder.

....

b) Die Kinder rühmen sich ihrer Schlittenfahrkünste.

....

c) Manche Eltern schämen sich ihrer Ängstlichkeit.

....

d) Aber dann erinnern sie sich ihrer eigenen wilden Jugendzeit.

....

3 Setze passende Präpositionalobjekte in die Textlücken ein. Verwende dazu die in Klammern angegebenen Begriffe.

.... (viele Schriftsteller) bekommt der Winter ein interessantes Gesicht. Das ist .... (die Kinder) sehr interessant. .... (dieser Spaß) können sie aber auch ganz real Freude haben. .... (das Herumtollen) wird die Gesundheit gestärkt. .... (das Herz-Kreislauf-System) ist das ideal. Zudem gibt es .... (die Kleinen) weniger Streit. Sie fürchten sich nicht .... (große Anstrengung) und fallen abends kaputt, aber glücklich, ins Bett. Wenn es ihn nicht gäbe, sollte der Winter .... (die Kinder) erfunden werden.

4 **Unterstreiche jeweils das Präpositionalobjekt. Formuliere die Hilfsfrage, mit der das Präpositionalobjekt ermittelt werden kann. Schreibe in dein Heft.**

a) Schnee ist für Kinder im Winter eine große Freude.

b) Sie brauchen ihn für einen schönen Schneemann.

c) Mit einer Möhre und Steinchen bekommt er Augen, Nase und Mund.

d) Auf den Kopf kann man einen Zylinderhut setzen.

e) Die Kinder haben auch viel Spaß bei einer Schneeballschlacht.

5 **Unterstreiche jeweils das Prädikat. Bestimme dann die übrigen Satzglieder und kennzeichne sie nach dem vorgegebenen Muster.**

Die Landschaft liegt unter einer Schneedecke.
Subjekt *PräpObj.*

a) Eichhörnchen sammeln ihr Futter.

....

b) Manche Pflanzen verdanken dem Schnee ihr Überleben.

....

c) Er deckt ihre Wurzeln zu.

....

d) Sie überleben den Winter.

....

3 KÖNNEN

TEST **Bestimme und unterstreiche alle Prädikate, Subjekte und Objekte. Kennzeichne sie in der dafür vorgesehenen Zeile.**

Skifahren erfreut viele Kinder. Dieser Sport sorgt für Fitness.

....

Ohne große Übertreibung dient er der Gesundheit.

....

Unter zu großen Belastungen können die Gelenke leiden.

....

Jeder Sport kann dem Menschen nutzen.

....

Die Aufgabe besteht in der richtigen Dosierung.

....

Der Leichtsinn mancher Jugendlicher kann zu Gefahren führen.

....

Allzu wildes Herumtoben missfällt vielen Eltern. Sie haben Angst.

....

Den Spaß will keiner den Jugendlichen rauben.

....

Auf ihre Sicherheit sollen sie achten!

....

Prädikatsnomen

1 VERSTEHEN

Das **Prädikatsnomen** wird auch **Prädikativ** genannt. Es legt dar, wie eine Person, ein Gegenstand oder Zustand etwas **ist**, **wird** oder **bleibt**. Es ist eine Ergänzung der Verben **sein**, **werden** und **bleiben**. Dazu kommen u. a. **sich erweisen als**, **heißen**, **nennen**.

Das **Prädikatsnomen** als **Subjektprädikativ** kann wie folgt erscheinen:

Gleichsetzungsnominativ	**Das Meerwasser ist Salzwasser.**
prädikatives Adjektiv	**Die Sicht ist gut.**
Prädikativsatz	**Schön ist, dass wir gemeinsam zur See fahren.**

Wenn ein Objekt durch ein **Prädikativ** näher beschrieben wird, nennt man das ein **Objektprädikativ**, hier im **Gleichsetzungsakkusativ**:

Ich nenne dich einen Seefahrer.

Das Objektprädikativ wird selten verwendet.

2 ÜBEN

1 Unterstreiche das Prädikatsnomen.

Die See ist gefährlich. Diese Gefahr heißt Tod durch Ertrinken. Trotz aller Technik bleibt das Meer ein Gefahrenherd. Über viele Jahrhunderte war die See eine Herausforderung. Für Generationen von Küstenbewohnern erwies sich das Meer als Quelle des Unheils wie des Reichtums. Die Fischerei war Lebensgrundlage. Sie ernährte den Menschen. Gut ist aber auch, dass Handel getrieben werden konnte. Zur Not wichen Generationen von Küstenbewohnern in die Piraterie aus. Das ist und war illegal. Nichtsdestotrotz erwies es sich als Möglichkeit des Überlebens. In der Not nennt man sich lieber einen Piraten, als zu verhungern. Das ist Schicksal.

2 Unterstreiche das Prädikatsnomen und benenne die vorliegende Art des Prädikatsnomens.

a) Das Wetter wird heute schön. ....

b) Gut ist, dass wir einen Schiffsausflug machen. ....

c) Das Meer ist mein Freund. ....

d) Das Gefühl an Bord ist unbeschreiblich. ....

e) Der Kapitän ist stolz. ....

f) Die Schifffahrt bleibt sein Lebenstraum. ....

3 Stelle den Satz so um, dass das Prädikatsnomen an erster Stelle steht. Was fällt dir auf? Schreibe in dein Heft.

a) Das Wetter wird heute schön.
b) Gut ist, dass wir einen Schiffsausflug machen.
c) Das Meer ist mein Freund.
d) Das Gefühl an Bord ist unbeschreiblich.
e) Der Kapitän ist stolz.
f) Die Schifffahrt bleibt sein Lebenstraum.

3 KÖNNEN

TEST **Streiche die Sätze durch, die kein Prädikatsnomen enthalten.**

a) Das Wetter wird heute schön.
b) Gut ist, dass wir einen Schiffsausflug machen.
c) Das Meer erfreut meinen Freund.
d) Das Gefühl an Bord ist unbeschreiblich.
e) Der Kapitän behält seinen Stolz.
f) Die Schifffahrt bleibt sein Lebenstraum.
g) Gesund ist, dass er viel an der frischen Luft arbeiten kann.
h) Schade findet er den weiten Weg von zu Hause.
i) Die Gesamtbilanz ist für ihn aber positiv.

2.4 Sonstige Satzglieder

Adverbiale Bestimmung

1 VERSTEHEN

Die **adverbiale Bestimmung** wird auch **Umstandsbestimmung** genannt. Sie legt die Umstände eines Geschehens dar: **Ort, Zeit, Art und Weise** sowie **Grund**.

Sie kann aus einem oder mehreren Wörtern bestehen und erscheint in sehr unterschiedlichen Formen. Die Hilfsfrage erleichtert die Benennung einer adverbialen Bestimmung.

Wo? Wohin? Woher?	adverbiale Bestimmung zum **Ort (lokal)**	**Auf dem Bauernhof** rennen die Hühner durcheinander.
Wann? Seit wann? Wie lange?	adverbiale Bestimmung zur **Zeit (temporal)**	**Am frühen Morgen** rennen die Hühner durcheinander.
Wie? Auf welche Weise?	adverbiale Bestimmung der **Art und Weise (modal)**	**Viel zu schnell** rennen die Hühner durcheinander.
Warum? Weshalb?	adverbiale Bestimmung zum **Grund (kausal)**	**Wegen der bevorstehenden Fütterung** rennen die Hühner durcheinander.

Die **adverbiale Bestimmung** ist ersetzbar durch einen **Adverbialsatz**, der durch Konjunktionen eingeleitet und deshalb manchmal auch **Konjunktionalsatz** genannt wird.

> **Wegen der Versorgung der Tiere sind Landwirte früh auf dem Hof.**
> **Weil sie die Tiere versorgen müssen, sind Landwirte früh auf dem Hof.**

Ebenso können ein **satzwertiges Partizip** oder ein **satzwertiger Infinitiv**, eingeleitet etwa durch **um zu, ohne zu, anstatt zu**, die adverbiale Bestimmung ersetzen.

> **Die Tiere versorgend sind Landwirte früh auf dem Hof.**
> **Um die Tiere zu versorgen, sind Landwirte früh auf dem Hof.**

Dazu kommen nicht eingeleitete Sätze vor dem Hauptsatz, an deren Stelle auch ein **wenn-Satz** verwendet werden könnte.

> **Versorgen sie Tiere, sind Landwirte früh auf dem Hof.**
> **Wenn sie die Tiere versorgen müssen, sind Landwirte früh auf dem Hof.**

TIPP Zur Erinnerung: Präpositionalobjekt und adverbiale Bestimmung sind nicht immer einfach voneinander zu unterscheiden.

1 Um welche Art der adverbialen Bestimmung handelt es sich bei den unterstrichenen Satzgliedern?

a) Tiere müssen zuverlässig gefüttert werden. ....

b) Am Morgen gibt es die erste Mahlzeit. ....

c) Dann werden die Tiere auf die Weide getrieben. ....

d) Dann stehen sie dort. ....

e) Wegen des möglichen Auslaufs sind die meisten Tiere gerne draußen. ....

2 Unterstreiche die adverbialen Bestimmungen der folgenden Sätze und benenne sie.

a) Gerne gehen die Kinder mit. ....

b) Vormittags genießen sie die frische Luft. ....

c) Gras wächst auf der Wiese. ....

d) Wegen der schönen Natur freuen sich die Kinder. ....

e) Der Tag vergeht viel zu schnell. ....

3 Ersetze die unterstrichenen Satzteile durch passende adverbiale Bestimmungen.

a) Weil sie viele Formulare ausfüllen, arbeiten Landwirte auch am Computer.

....

b) Um Informationen zu beschaffen, recherchieren sie im Internet.

....

c) Leise tuckernd fahren moderne Trecker über den Acker.

....

d) Diese Maschinen können arbeiten, ohne übel zu stinken.

....

e) Betrachtet man die heutige Zeit, ist die Landwirtschaft eine recht moderne Branche.

....

f) Dies ist bemerkenswert, wenn man frühere Zeiten berücksichtigt.

....

g) Anstatt überwiegend körperlich zu arbeiten, ist heute viel mehr verlangt.

....

h) Landwirt ist ein moderner Beruf, weil er Vielseitigkeit erfordert.

....

4 Formuliere eine Hilfsfrage, mit der du die unterstrichene adverbiale Bestimmung erfragen kannst. Benenne dann die Art der adverbialen Bestimmung. Schreibe in dein Heft.

a) Landwirte pflegen die Kulturlandschaft in ihrer Region.
b) Dies machen sie seit vielen Jahrhunderten.
c) Wegen der Nahrungsmittelherstellung sind sie ebenso wichtig.
d) Dies vergessen manche Menschen viel zu schnell.
e) Viele Menschen verbringen ihren Urlaub auf dem Bauernhof.
f) Dies gilt seit einigen Jahren als zweites wirtschaftliches Standbein der Landwirtschaft.

5 Stelle den Satz so um, dass die unterstrichene adverbiale Bestimmung an erster Stelle steht. Schreibe in dein Heft.

a) Die Bauern sind wichtige Menschen in ihrem Ort.
b) Dies gilt seit scheinbar ewigen Zeiten.
c) Das vergisst niemand so schnell.
d) Dies begründet schon immer die besondere Stellung der Bauern.

3 KÖNNEN

TEST Setze passende adverbiale Bestimmungen in die Textlücken ein. Verwende dazu die in Klammern angegebenen Begriffe.

.... (seine vielen Bedeutungen) ist *Bauer* ein häufig verwendeter Begriff.

Er bezeichnet .... (Allgemeines) einen Landwirt.

Beim Schach ist er .... (seine geringe Reichweite) die schwächste Figur.

Er ist .... (leicht) hinauszuwerfen.

.... (verschiedene Gegenden) wird eine Spielkartenfigur auch *Bube* oder eben *Bauer* genannt.

.... (ewige Zeiten) ist *Bauer* ein häufiger Nachname .... (Deutschland). *Bauer*, Seine Deftigkeit, ist zudem eine Karnevalsfigur aus dem Kölner Dreigestirn. Man sieht .... (diese Stelle), dass *Bauer* ein wirklich oft verwendeter Begriff im Deutschen ist.

Attribut

1 VERSTEHEN

Das **Attribut** bestimmt ein Bezugswort, Nomen oder Pronomen, näher. Es kann vor oder nach diesem stehen. Das Attribut ist **kein eigenes Satzglied**, sondern Teil eines Satzgliedes. Bei der **Umstellprobe** kann es nur gemeinsam mit dem Bezugswort verschoben werden. Manchmal nennt man dies ein Satzglied zweiter Ordnung.

Attribute treten in vielen verschiedenen Formen auf. Es kommen vor:

Adjektive	Der **kalte** Wind peitscht das Meer auf.
adjektivisch gebrauchte Partizipien	Die **frierenden** Matrosen stehen an der Reling.
Pronomen	**Unser** Schiff kehrt bald in den Hafen zurück.
Zahlwörter	Die Rückfahrt dauert **zwei** Stunden.
Nomen im Genitiv	Das Licht **des Leuchtturms** weist den Weg.
Nomen mit Präposition	Das Wasser **im Hafenbecken** verhält sich ruhig.

2 ÜBEN

1 Mache die Umstellprobe. Versuche dabei, das unterstrichene Attribut allein zu verschieben. Geht das überhaupt?

a) Auf dem Wasser sieht man weiße Schaumkronen.
b) Der Sandstrand ist der Treffpunkt der Dorfjugendlichen.
c) Hier feiern sie gegen Abend ausgelassene Feste.
d) Sie zünden ein großes Lagerfeuer an.

2 Häufig werden Schlagzeilen oder Werbeslogans mit Aufmerksamkeit erregenden Attributen versehen. Finde derartige Formulierungen, indem du die genannten Nomen mit Attributen versiehst.

a) Rundfahrten ....

b) Seehunde ....

c) Sonnenuntergang ....

d) Tauchgang ....

e) Abenteuer ....

3 Bestimme, mit welchen Wortarten die unterstrichenen Attribute gebildet worden sind.

a) Frischer Fisch ist eine Köstlichkeit. ....

b) Allerdings sieht man auch rümpfende Nasen. ....

c) Der Geruch des Tieres ist nicht aller Leute Sache. ....

d) Leider entgeht ihnen auch ein großer Genuss. ....

e) Unsere Geschmäcker sind verschieden. ....

4 Umrahme die Attribute und mache mit Pfeilen ihr Bezugswort deutlich.

Der Name des Atlantiks hängt mit dem griechischen Atlas zusammen. Dieser Titan stützte das Gewölbe des Himmels an der westlichen Seite. Im Westen Gibraltars war aus griechischer Sicht auch das Ende ihrer Welt. Zur Ehre des Atlas wurde das hier beginnende Meer Atlantik genannt. Er befindet sich im Westen unserer üblichen Kartendarstellungen. Im Norden begrenzt ihn die kalte Arktis, im Nordosten unser Europa, im Südosten das heiße Afrika und im Westen das langgezogene Amerika.

Der Atlantik fasst ein Wasservolumen von unglaublichen 354,7 Millionen Kubikkilometern. Die tiefste Stelle wäre der höchste Berg der Erde, wenn er sich über dem Festland erhöbe. Sie ist 9.219 Meter tief. Der Atlantik ist das verkehrsreichste Meer.

Dies liegt auch am regen Transitverkehr zwischen Europa und Amerika. Der Golfstrom erstreckt sich von der Karibik bis Grönland und sorgt für unser mildes Klima.

5 Lies dir den Text durch. Streiche dann alle Attribute durch und lies den Text erneut. Formuliere in deinem Heft, wie der neue Text auf dich wirkt.

Jedes noch so kleine Kind kennt die gefährlichen Haie. Die bekannteste Art dürfte der weiße Hai sein. Spätestens seit dem spannenden Thriller „Der weiße Hai" des genialen Regisseurs Steven Spielberg läuft einem ein gruseliger Schauer den Rücken hinunter, kommt die erregte Rede auf dieses vermeintlich mordlustige Tier. Haie fressen andere Fische oder auch größere Meerestiere. Im Jahr sterben durchschnittlich zehn Menschen an den Folgen von Haiangriffen. Dennoch gelten diese als mordlüsterne, kaltblütige Killer. Das hängt sicher mit den vielen klischeehaften Vorstellungen zusammen. In Wahrheit ist der Hai durch die übermäßige Befischung im Bestand gefährdet. Der gefährlichste Killer in der Natur ist eben der gierige und unersättliche Mensch. Dessen Verbrauch an Mitgeschöpfen schafft kein anderes Tier.

3 KÖNNEN

TEST Fülle die Lücken mit anschaulichen Attributen.

Wir unternahmen eine Wattwanderung zur Insel Neuwerk. Dazu kann man einen mit Reisigsträuchern gekennzeichneten Weg gehen. Für die Rückkehr stehen auch .... Wagen zur Verfügung. Das Watt ist sehr glitschig, und überall ragen .... Muscheln aus dem ....

Boden. Ab und zu wird der Weg durch ....
Priele unterbrochen, in denen auch bei Ebbe ....
Wasser steht. Schon auf dem Hinweg fragten wir uns, wozu wohl die rot-weiß gestreiften Rettungsinselchen gut sein könnten. Bis zum .... Horizont war kein Meerwasser zu sehen. Nach dem .... Aufenthalt auf der Insel trödelten wir noch herum. Dann aber verfärbte sich der strahlend .... Himmel. .... Wolken zogen auf. Die Sonne verschwand hinter einer .... Wand. Nur noch .... Wattwagen standen da. Wir waren glücklich, dass wir noch einen bekommen konnten. Der Fahrer trieb seine .... Pferde beständig an. Durch den ersten Priel kamen wir noch .... Fußes, der nächste war schon so vollgelaufen, dass sich die Pferde weigerten. Aber mit .... Zureden schaffte es der .... Kutscher, seine .... Viecher vom .... Weitergehen zu überzeugen. Dann ging es los: Schlagartig prasselte eine .... Wasserflut herab. Binnen .... Sekunden waren wir klatschnass. Das Meereswasser stieg in einer .... Geschwindigkeit. Jetzt wurde es durch Regen und Flut bedrohlich.

Attribut – Ersatzformen

1 VERSTEHEN

Das **Attribut** ist durch verschiedene grammatische Konstruktionen ersetzbar:

Wir freuen uns über den wunderschönen Sonnenuntergang und schlendern die Strandpromenade entlang.

Der **Relativsatz** ist ein **Attributsatz**, der üblicherweise durch ein Relativpronomen eingeleitet wird.

Wir lieben den Sonnenuntergang, der wunderschön ist, und schlendern die Strandpromenade entlang.

Die **Parenthese** ist ein **nachgestellter Hauptsatz**, der durch Gedankenstriche abgetrennt wird.

Wir lieben den Sonnenuntergang – er ist wunderschön – und schlendern die Strandpromenade entlang.

Eine **Apposition** ist eine **Beistellung**, die mit Kommas abgetrennt wird und **im gleichen Fall** wie das Bezugswort steht.

Wir lieben den Sonnenuntergang, den Höhepunkt der Schönheit, und schlendern die Strandpromenade entlang.

TIPP Zur stilistischen Abwechslung lassen sich bei den Relativsätzen auch je nach Zusammenhang die Relativpronomen durch **welcher, welche, welches** ersetzen.

2 ÜBEN

1 Unterstreiche die Relativsätze.

Der Pazifik, der eigentlich Pazifischer oder manchmal Stiller Ozean genannt wird, ist das größte Meer der Erde. Seine Fläche, die knapp 182 Millionen Quadratkilometer beträgt, entwickelt sich zwischen der Arktis im Norden und der Antarktis im Süden. Der Kontinent Amerika grenzt das Meer im Osten ab. Im Westen liegen Australien und Ozeanien als geographischer Rahmen dieses Meeres, das rund 35 Prozent der gesamten Erdoberfläche bedeckt. Dieser größte Ozean, der mehr als die Gesamtfläche allen Festlands umfasst, macht die Hälfte der

Meeresfläche der Erde aus. Das Volumen beträgt knapp 715 Millionen Kubikkilometer Wasser, welche mehr als der Hälfte allen Wassers auf der Erde entsprechen. Die Tiefe, die mit durchschnittlich etwa 4000 Metern angegeben wird, ist an der extremen Stelle im Pazifik bei über 11.000 Metern unter der Meeresoberfläche. Der große Entdecker und Seefahrer Ferdinand Magellan nannte das Meer, das so ruhig hinter Kap Hoorn lag, pazifisch, welches *friedlich* bedeutet. Dieses Wort stammt von *pacificus* aus dem Lateinischen ab. Allerdings gibt es hier trotzdem auch heftige Stürme, die *Taifun* oder *Hurrikan* heißen.

2 Wandle die unterstrichenen Attribute in Relativsätze um. Schreibe in dein Heft.

a) Der Indische Ozean ist das flächenmäßig drittgrößte Meer dieser Erde.
b) Er liegt zwischen Afrika, Asien und dem kleinsten Kontinent Australien.
c) Der bedeutendste und flächenmäßig umfassendste Teil dieses Ozeans liegt auf der Südhalbkugel.
d) Dieses ist ein Gegensatz zu den ungefähr gleichmäßig auf beide Halbkugeln aufgeteilten Atlantik und Pazifik.
e) Das Arabische Meer ist ein recht bekanntes Nebenmeer.
f) Indonesien ist eine politisch eigenständige Inselgruppe im Indischen Ozean.
g) Ebenso gilt dies für die Inseln Madagaskar und den von inneren Konflikten geplagten Staat Sri Lanka.

3 Verkürze die Sätze, indem du die unterstrichenen Relativsätze in Attribute umformst. Schreibe in dein Heft.

a) Der Arktische Ozean, der auch Nordpolarmeer genannt wird, gilt als Weltmeer.
b) Dieser Ozean, der als der kleinste gilt, liegt in der Arktis.
c) Allerdings sehen ihn manche nur als den Teil des Atlantiks an, der im Norden liegt.
d) Die Teile der Arktis, die Ländern zugeordnet werden können, sind umstritten.

e) Dies hängt mit Grenzen, die unklar gezogen worden sind, zusammen.
f) Auch lassen Rohstoffvorkommen, die vermutet werden, Begehrlichkeiten wachsen.
g) Der Arktische Ozean, der stark vereist ist, wird nur drei bis fünf Monate im Jahr für die Schifffahrt genutzt.
h) Russland unterhält eine Atomeisbrecherflotte, die für diese Zwecke eingerichtet worden ist.

4 Verbinde die beiden Sätze, indem du den zweiten als Apposition in den ersten einfügst. Schreibe in dein Heft.

a) Das Surfen ist mit dem Wellenreiten verwandt. Das Surfen ist eine der heutigen Trendsportarten.
b) Junge Leute lieben besonders den Rausch der Geschwindigkeit. Geschwindigkeit gibt den absoluten Kick.
c) Es wird in den Beinen Muskelaufbau betrieben. Dies bedeutet Kraft für den Körper.
d) Auch den Armen wird Gutes getan. Sie sind unsere täglichen Helfer.
e) Das Surfen liegt also ganz im Trend der Zeit. Es ist die universale Körperschulung.

5 Verbinde jeweils die beiden Sätze aus Aufgabe 4, indem du den zweiten als eine Parenthese in den ersten einfügst. Schreibe in dein Heft.

6 Verbinde jeweils die beiden Sätze aus Aufgabe 4, indem du den zweiten als einen Relativsatz in den ersten einfügst. Schreibe in dein Heft.

3 KÖNNEN

TEST **Unterstreiche alle Attribute und ihre verschiedenen grammatischen Ersatzformen.**

Bei einem Schiff – das nicht mit einem Boot gleichzusetzen ist – handelt es sich um ein Wasserfahrzeug, welches größeren Umfangs ist. Das Schiff hat den eigenen Antrieb, der dem Floß fehlt. Das Wort *Boot* wird für kleinere Wasserfahrzeuge verwendet. Einem Schiff, dem manchmal so gesehenen Inbegriff der Romantik, wird große Freiheit zugeordnet. Sie werden in Anlagen, die man Werften nennt, gebaut. Nach Fertigstellung des Rumpfes kommt es zum oft spektakulären Stapellauf. Hier schließt sich eine erste Fahrt an, die von den Seeleuten und Schiffsbauern *Jungfernfahrt* genannt wird. Mit Schiffen werden wichtige Güter transportiert. Sie sind das bedeutendste Mittel des globalen Handels. Für die Passagierschifffahrt – sie verliert an Bedeutung – ist mit dem Flugzeug große Konkurrenz entstanden. Heutzutage ist die Schifffahrt in dieser Hinsicht eher ein touristisches Erlebnis. Gerade Menschen höheren Alters lieben Kreuzfahrten, das Sinnbild entspannten Nichtstuns. Auch der Beruf des Matrosen wandelt sich. Die früher harte körperliche Arbeit wird mehr und mehr durch die vom Computer gesteuerten Tätigkeiten abgelöst. Dies gilt zumindest für die großen Transportschiffe, welche Container über alle Winkel der Weltmeere verschiffen. Von wilder Seefahrerromantik bleibt da nichts übrig.

3. Sätze

Überblick, Aussagesatz und Fragesatz

1 VERSTEHEN

Ein **Satz** ist eine sprachliche, in sich geschlossene Einheit, die eine Aussage, Frage oder Aufforderung enthält.

Je nach Redeabsicht gibt es im Deutschen drei Satzarten und drei Satzschlusszeichen.
Man unterscheidet **Aussagesätze**, **Fragesätze** und **Aufforderungssätze**.

Der **Aussagesatz** enthält Aussagen, Beschreibungen oder Feststellungen und endet mit einem Punkt. Das Verb steht an der zweiten Stelle. Die erste Stelle kann aus einem oder mehreren eng zusammengehörenden Wörtern bestehen.

Er spielt Fußball.
Jungen und Mädchen haben Freude am Fußball.

Der **Fragesatz** hat den Zweck, dass man etwas erfahren oder eine Auskunft erbitten will. Er endet mit einem Fragezeichen. Man unterscheidet **Entscheidungsfragen**, die mit einem Verb beginnen, und **Ergänzungsfragen**, die mit einem Fragewort anfangen und bei denen das Verb an zweiter Stelle folgt.

Spielt er gerne Fußball?
Warum spielen nicht mehr Mädchen Fußball?

Der **Aufforderungssatz** stellt eine Anweisung oder Bitte dar. Er beginnt mit einem Verb und endet mit einem Ausrufezeichen.

Sendet mehr Frauenfußball im Fernsehen!

2 ÜBEN

1 Unterstreiche das Verb.

Viele Jugendliche spielen sehr gerne Fußball. In unserer Jugendmannschaft trainieren Mädchen und Jungen zusammen. Die Schusstechnik unterscheidet sich nicht. Allerdings haben die Jungen oft mehr Kraft. Manche Mädchen sind dafür zäher.

2 Entscheide, ob es sich um eine Entscheidungs- oder Ergänzungsfrage handelt. Schreibe entweder *E* für Entscheidungsfrage oder *Erg* für Ergänzungsfrage ans Ende der jeweiligen Frage.

a) Warst du gestern im Training?
b) Wieso hast du schon wieder gefehlt?
c) Weshalb hast du dich nicht rechtzeitig abgemeldet?
d) Möchtest du nicht mehr kommen?
e) Was kann ich tun, damit du mehr Spaß am Fußball hast?
f) Wie soll ich dich ersetzen?
g) Soll ich einmal mit deinen Eltern reden?

3 Wandle in Aussagesätze um, schreibe diese in dein Heft. Unterstreiche die Verben deiner Aussagesätze.

a) Ist Neustadt unser nächster Gegner?
b) Spielen die mit einer Viererkette?
c) Ist dieses Mal der Rasen besser gepflegt?
d) Haben die immer noch dieses verrückte Publikum?
e) Funktioniert die Flutlichtanlage?

TEST Wandle in Fragen um. Versuche, bei der Umwandlung den Sinn nicht zu sehr zu verändern. Unterstreiche hier und bei deinen Fragen das Verb. Schreibe in dein Heft.

Das Fußballspiel dauert 90 Minuten. Meistens fallen nicht mehr als zwei bis drei Tore in einem Spiel. Herausragende Fußballer sind in Deutschland schon immer Stars geworden. Inzwischen schaffen dies auch viele Fußballerinnen. Dies hängt auch mit den großen Erfolgen der Frauennationalmannschaft zusammen. Viele Jugendliche werden dadurch motiviert.

Der Aufforderungssatz

1 VERSTEHEN

Im **Aufforderungssatz** steht das Verb an erster Stelle.
Manchmal wird er auch als **Befehlssatz** bezeichnet und enthält eine Aufforderung an eine andere Person, etwas zu tun oder zu lassen.

Sendet mehr Frauenfußball im Fernsehen!
Spielt auch mal den Franz an!
Lass das Dribbeln!
Schieß auch mal direkt!

2 ÜBEN

1 Stell dir vor, du bist der Trainer bzw. die Trainerin und musst die Halbzeitansprache vor dem Team halten: Wandle die Aussagesätze zunächst in Aufforderungssätze um. Fordere jeweils anschließend in einem zweiten Aufforderungssatz das genaue Gegenteil deiner ersten Formulierung.

In der Halbzeitpause ruhen sich die Spieler aus. Keiner redet. Jeder trinkt viel Wasser. Manche ziehen die engen Fußballschuhe aus. Der müde Stürmer klagt über fehlende Unterstützung des Mittelfelds. Die Mitspieler versprechen Hilfe.

2 Wandle in Fragen um. Schreibe in dein Heft.

a) Schießt noch ein Tor!
b) Flankt genauer!
c) Zeigt mehr Einsatz!
d) Reißt euch zusammen!
e) Jammert nicht!
f) Gib öfter ab!

3 Wie wirken die Fragen auf dich? Schreibe in dein Heft.

4 Die Aufforderungssätze wenden sich an eine Person. Wandle die Sätze so um, dass sie mehrere ansprechen.

a) Setze dich für dein Team ein!
b) Spiele konzentriert!
c) Zeige Ballgefühl!
d) Versuche, die Laufwege deiner Mitspieler zu erahnen!
e) Übe den rechten Zeitpunkt für einen guten Pass!
f) Überlege dir, welche Torecke frei ist, bevor du schießt!
g) Freue dich, jubele, spiele dann aber konzentriert weiter!
h) Rücke rechtzeitig aus der Abwehr nach!
i) Nimm deinen Kopf hoch, wenn du läufst!

5 Beschreibe, was du bei dieser Umwandlung vom Singular in den Plural tun musst. Schreibe in dein Heft.

3 KÖNNEN

TEST **Formuliere die folgenden Stichworte zunächst als Aussagesatz, dann als Entscheidungsfrage, danach als Ergänzungsfrage und zuletzt als Aufforderungssatz. Du wirst die Aussage zum Teil etwas ändern müssen, um sinnvolle Sätze gestalten zu können.**

a) Jungen – Mädchen – Fußball – Freude
b) Ball – sichern – Abwehr
c) Torschuss – wagen – Angriff
d) Fußball – Frauen – Stars
e) Fans – Wochenende – Stadion

Hypotaxe und Parataxe – Wie werden Sätze aneinandergefügt?

1 VERSTEHEN

Die **Unterordnung von Nebensätzen unter einen Hauptsatz** bezeichnet man als **Hypotaxe**. Derartige **Satzgefüge** bestehen aus einem **Hauptsatz** und einem oder mehreren **Nebensätzen**. Nebensätze stehen an der Stelle von Satzgliedern und werden deshalb auch **Gliedsätze** genannt.

Bei einem Nebensatz steht das **Verb fast immer am Ende**. Nebensätze werden oft durch eine **unterordnende Konjunktion** (z. B. während, weil, obwohl etc.) **oder ein Relativpronomen** eingeleitet. Es gibt auch **Infinitivsätze** und **Partizipialsätze**, die im Satzgefüge wie Gliedsätze behandelt werden. Ein Nebensatz kann vorangestellt, nachgestellt oder eingeschoben werden.

Satzgefüge aus Hauptsatz und Gliedsatz

Gliedsatz vorangestellt	**Gliedsatz**, Hauptsatz	**Weil das Training so großen Spaß macht**, geht er immer wieder hin.
	Infinitivsatz, Hauptsatz	**Um Fußball zu spielen**, geht er immer wieder zum Training.
	Partizipialsatz, Hauptsatz	**Großes Glück empfindend**, geht er zum Fußballtraining.
Gliedsatz nachgestellt	Hauptsatz, **Gliedsatz**	Er geht immer wieder hin, **weil das Training so großen Spaß macht**.
	Hauptsatz, **Infinitivsatz**	Er geht immer wieder zum Training, **um Fußball zu spielen**.
	Hauptsatz, **Partizipialsatz**	Er geht zum Fußballtraining, **großes Glück empfindend**.
Gliedsatz eingeschoben	Hauptsatz 1. Teil, **Gliedsatz**, Hauptsatz 2. Teil	Er geht, **weil das Training so großen Spaß macht**, immer wieder hin.
	Hauptsatz 1. Teil, **Infinitivsatz**, Hauptsatz 2. Teil	Er geht immer wieder, **um Fußball zu spielen**, zum Training.
	Hauptsatz 1. Teil, **Partizipialsatz**, Hauptsatz 2. Teil	Er geht, **großes Glück empfindend**, zum Fußballtraining.

Satzgefüge aus Hauptsatz und mehreren Gliedsätzen

Gliedsätze unabhängig	**Gliedsatz**, Hauptsatz, **Gliedsatz**	**Obwohl sie großartig Fußball spielt**, schauen manche Leute komisch, **weil sie ein Mädchen ist.**
Gliedsätze aneinander-gereiht	**Gliedsatz** und **Gliedsatz**, Hauptsatz	**Weil sie gut Fußball spielt** und **weil sie ein Mädchen ist**, schauen manche Leute komisch.
Gliedsätze von Glied-sätzen abhängig	Hauptsatz, **Gliedsatz**, **Gliedsatz**, **Gliedsatz**	Manche Leute schauen komisch, **weil ein Mädchen Fußball spielt**, **obwohl dieses Spiel als Jungensport gilt**, **was offensichtlich nicht stimmt**.

Die **Aneinanderreihung von Sätzen** bezeichnet man als **Parataxe**. Aneinandergereihte Hauptsätze können durch **beiordnende Konjunktionen** (z. B. *und*, *oder*, *aber* etc.) oder **Umstandswörter (Adverbien)** verbunden werden. Die Teile einer **Satzreihe** werden durch ein **Komma** getrennt, es sei denn, sie sind mit **und** bzw. **oder** verbunden. Eine stärkere Trennung erreicht man mit dem **Semikolon** (Strichpunkt/;).

Klaus spielte schnell nach vorne; er schoss aber daneben.
Klaus nahm den Ball an, spielte zu Frank, bekam ihn zurück und schoss ein Tor.
Klaus ist ein guter Fußballer und spielt sehr kameradschaftlich, aber manchmal ist das Ganze etwas uneffektiv.
Klaus stürmte nach vorne, da kam ihm ein Gegner entgegen, gleichzeitig lief Franz aber mit, dann übernahm dieser und er schoss wuchtig drauf.

2 ÜBEN

1 Unterstreiche Konjunktion und Verb in den Gliedsätzen.

Wenn man eine hochklassige Mädchenmannschaft gegen eine niederklassige Jungenmannschaft spielen lässt, gewinnen trotzdem die Jungen. Das zumindest behaupten sehr viele Menschen, obwohl sie vielleicht noch nie ein solches Testspiel gesehen haben. Grundsätzlich kann man aber nicht sagen, dass Frauenfußball unattraktiver als der entsprechende Herrensport ist. Es fallen ebenso interessante

Tore, weil die Schusstechnik nicht zu sehr von der Kraft abhängt, was wiederum Mädchen nicht benachteiligt.

2 Unterstreiche die Gliedsätze.

Obwohl die Fernsehmacher erst skeptisch waren, hat sich die Übertragung der Frauenfußballweltmeisterschaft für die Sender gelohnt. Die Stimmung war super, was natürlich auch an den Fans lag. Weil aber die Teams so großartigen Fußball spielten, war keine große Motivation nötig, was die Stimmung in den Stadien betraf. Es ist eben heutzutage noch nicht selbstverständlich, dass die Leute den Fernseher einschalten, wenn Frauenfußball läuft. Beste Werbung, wie dieser Sommer zeigte, ist aber das Spiel selbst.

3 Verbinde jeweils zu einem Satzgefüge. Schreibe in dein Heft.

a) Fußball ist in Deutschland sehr populär. Es gibt große Stars wie Mario Gomez.
b) Frauenfußball bekommt viele Fans. Großereignisse, wie die Frauenfußballweltmeisterschaft, finden statt. Tolle Spiele können gesehen werden.
c) Das Fernsehen überträgt Frauenfußballspiele. Immer mehr Mädchen interessieren sich für Fußball. Das Ganze lohnt sich für alle Seiten.
d) Man kann im Frauenfußball sein Geld verdienen. Der Frauenfußball ist weitaus professioneller geworden. Es werden große Firmen angelockt.
e) Es gibt im Fußball aber eine große Verletzungsgefahr. Dieses Problem darf nicht unterschätzt werden.
f) Es gibt eine große Begeisterungswelle. Vorsicht ist geboten.

4 Verbinde zu Satzreihen. Schreibe in dein Heft.

a) Noah geht ins Stadion. Dimitri geht mit. Lars bleibt daheim.

b) Die beiden Freunde kaufen keine Tröten. Der Lärm bereitet ihnen Kopfschmerzen.
c) Sie singen lieber Fußballlieder. Sie reihen sich in den großen Fanchor ein.
d) Nach dem Spiel freuen sie sich über den tollen Tag. Sie fahren nach Hause.

TIPP Wenn in einer Satzreihe zwei Sätze das gleiche Wort als Subjekt haben, kann man das zweite weglassen, um unnötige Wortwiederholungen zu vermeiden. So klingt der Text flüssiger.

3 KÖNNEN

TEST **Gib an, ob eine Hypotaxe oder eine Parataxe vorliegt.**

a) Weil im Fußball so eine große Dramatik entstehen kann, ist dieser Sport sehr beliebt.

....

b) Ein Tor fällt, der Gegner muss kommen, die andere Mannschaft kann kontern und die Spannung steigt.

....

c) Kritiker bemängeln, dass relativ wenige Tore fallen.

....

d) Fans verteidigen dies; sie betonen die Besonderheit eines jeden Treffers.

....

e) Obwohl man sich diesbezüglich wohl nie ganz einig werden wird, ist es unbestreitbar, dass der Fußball vielen Menschen Freude macht.

....

Adverbialsätze – Konjunktionalsätze

1 VERSTEHEN

Adverbialsätze werden normalerweise durch eine **unterordnende Konjunktion** eingeleitet. Deshalb heißen sie auch **Konjunktionalsätze**. Sie können nicht ohne Hauptsatz stehen und werden von diesem durch ein Komma getrennt.

Die Bedeutung dieser Gliedsätze hängt von der Wahl der Konjunktion ab.

Temporalsatz (betrifft die Zeit)	als, bevor, ehe, nachdem, seitdem, bis, sobald, während, wenn, solange … wie, sooft … wie	**Als noch Räuber im Spessart lebten**, war ein Besuch recht gefährlich.
Kausalsatz (betrifft den Grund)	weil, da, zumal	**Weil Räuber im Spessart lebten**, war ein Besuch recht gefährlich.
Konditionalsatz (gibt die Bedingung an)	wenn, falls, sofern, soweit	**Falls noch Räuber im Spessart leben**, ist ein Besuch recht gefährlich.
Konzessivsatz (verhält sich einräumend)	obwohl, obgleich, obschon, obzwar, wenngleich, wenn auch, wiewohl, ungeachtet	**Obwohl Räuber im Spessart lebten**, war ein Besuch möglich.
Konsekutivsatz (betrifft die Folge)	sodass (auch: so dass), als dass, dass	Räuber lebten im Spessart, **sodass ein Besuch recht gefährlich war**.
Finalsatz (betrifft den Zweck)	damit, dass, auf dass	Räuber wurden im Spessart verfolgt, **damit ein Besuch nicht mehr gefährlich war**.
Modalsatz (gibt die Art und Weise bzw. die Mittel an)	indem, ohne dass, anstatt dass, insofern, insoweit, soviel, sofern, soweit, wie, als, als ob, als wenn, wie wenn, dadurch … dass, je … desto	Räuber wurden aus dem Spessart vertrieben, **indem man sie verfolgte**.
Adversativsatz (drückt den Gegensatz aus)	anstatt dass, als dass, ehe, während	Räuber wurden einfach nur verfolgt, **anstatt dass man die Gründe für ihre Räubereien untersuchte**.
Komparativsatz (gibt den Vergleich an)	wie	Räuber wurden verfolgt, **wie man Hasen jagte**.

2 ÜBEN

1 Verbinde die Sätze, indem du passende Konjunktionen aus dem Wortvorrat in die Lücken einsetzt.

anstatt dass – anstatt dass – da – nachdem – obwohl – sodass – sodass – während – weil – wenn

.... (1) Menschen miteinander leben, kommt es auch zum Raub, ... (2) es Räuber zu allen Zeiten gab. .... (3) schon im alten Ägypten Grabdiebe bekannt waren, ist auch im Alten Testament die Rede vom barmherzigen Samariter. Dieser half einem Menschen, ... (4) jener ausgeraubt werden sollte. .... (5) man Jesus freiließ, wurde der Räuber Barrabas begnadigt. .... (6) noch heute Piraten vor Somalia aktiv sind, bekämpften schon die Römer derartige räuberische Flotten. Räuberbanden waren im Mittelalter streng geführt, ... (7) der Hauptmann nahezu uneingeschränkte Macht über seine Gefolgsleute hatte. Diese waren oftmals Verzweifelte, ... (8) sie zuvor meist als Aussätzige, Ausgestoßene oder Vogelfreie lebten. Sie sahen oft keinen anderen Weg des Überlebens. .... (9) man ihnen Arbeit gab, verfolgte die Obrigkeit sie. .... (10) man mit der Räuberei eher romantische Geschichten der Kindheit verbindet, handelt es sich natürlich um verbotene Straftaten.

2 Um welche Art von Adverbialsatz handelt es sich jeweils? Schreibe den lateinischen Fachbegriff hinter die Nummer, die sich auf die Lücken der Übung 1 beziehen.

(1) Konditionalsatz .... (2) .... satz

(3) .... satz (4) .... satz

(5) .... satz (6) .... satz

(7) .... satz (8) .... satz

(9) .... satz (10) .... satz

3 Verbinde die beiden Sätze auf unterschiedliche Art.

Räuber Hotzenplotz ist nett. Niemand hat Angst vor ihm.

1. Kausal

....

2. Konditional

....

3. Temporal

....

4. Konsekutiv

....

5. Final

....

TEST **Um welche Art von Adverbialsatz handelt es sich?**
Schreibe den lateinischen Fachbegriff für die nummerierten Sätze in dein Heft.

Räuber und Gendarm

Damit (1) dieses Spiel Spaß macht, sollten möglichst viele Mitspieler dabei sein. Es werden zwei Gruppen, die Gendarmen und die Räuber, gebildet. Obwohl (2) sie nicht gleich groß sein müssen, sollte der Unterschied minimal sein. Man kann die Einteilung vornehmen, indem (3) man einen Abzählreim spricht. Als Spielfeld benötigt man ein abwechslungsreiches Gelände, wie (4) es aus einer Wiese mit Büschen und Bäumen gebildet werden könnte. Die Mitspieler müssen sich allerdings an die vorgegebenen Grenzen halten, weil (5) bei diesem Spiel eine Kontrolle schwierig ist. Ein mittiges Stück des Spielfeldes wird abgegrenzt, sodass (6) hier ein Gefängnis entsteht. Diesem sollte man sich nähern können, ohne dass (7) man zu leicht entdeckt wird. Gendarmen dürfen nicht eintreten. Sie müssen deutlich sichtbar gekennzeichnet werden, damit (8) sie die Räuber stets erkennen. Nachdem (9) das Spiel begonnen hat, bekommen die Räuber einen Vorsprung zum Verstecken. Die Gendarmen müssen sie finden und abschlagen, bis (10) alle ins Gefängnis gesperrt sind. Deren Insassen können befreit werden, indem (11) sie von anderen Räubern abgeschlagen werden. Das Spiel endet, wenn (12) alle Räuber von den Gendarmen gefangen wurden.

Attributsätze/Relativsätze

1 VERSTEHEN

Relativsätze sind Nebensätze, die **ein Nomen oder Pronomen** im übergeordneten Satz **näher erläutern**. Sie entsprechen in ihrer Funktion einem **Attribut**.

In unserer Klasse sind viele sportliche Jungen und Mädchen. Sie spielen gerne Fußball.
In unserer Klasse sind viele Jungen und Mädchen, die sportlich sind. Sie spielen gerne Fußball.

Relativsätze werden durch ein **Relativpronomen** eingeleitet: **der, die, das** oder **welcher, welche, welches**. Das Relativpronomen muss in Genus, Numerus und Kasus an das Bezugswort angepasst werden.

Die **Personalform des Verbs steht am Ende** des Relativsatzes (wie bei anderen Nebensätzen auch).

Relativsätze können nach einem Hauptsatz stehen oder in einen Hauptsatz eingeschoben sein. Sie werden in jedem Fall **durch Kommas vom Hauptsatz getrennt**.

Der Ball, den die Kinder benutzen, gehört der ganzen Klasse.
Lena, die heute im Tor steht, und die anderen Kinder haben viel Spaß.

TIPP

Das Relativpronomen „das“ wird nur mit einem „s“ geschrieben. Man erkennt es daran, dass es durch das Wort „welches“ ersetzt werden kann.

Peter hat das Tor geschossen, das (welches) seiner Mannschaft den Sieg gebracht hat.

Es ist wichtig, daran zu denken, dass sich das Relativpronomen durch diese Schreibweise von der Konjunktion „dass“ unterscheidet, die zum Beispiel einen Finalsatz oder einen Inhaltssatz einleitet.

Er weiß, dass die anderen sich mit ihm freuen.

2 ÜBEN

1 **Unterstreiche die Relativpronomen und ihre Bezugswörter.**

Eine andere Sportart, die viele Kinder in unserer Schule ausüben, ist Hockey. In meiner Klasse gibt es fünf Mädchen und drei Jungen, die einmal in der Woche Hockey spielen. Max, der ein besonders guter Spieler ist, hat mit seinem Verein schon viele Wettbewerbe gewonnen. Der Pokal, den die Mannschaft am letzten Wochenende bekommen hat, steht in der Vitrine, die sich am Eingang des Vereinsheims befindet.

2 **Setze im folgenden Text die fehlenden Kommas ein..**

Anna berichtet heute im Deutschunterricht von ihrem Lieblingssport den sie seit zwei Jahren betreibt. Sie hat seit einigen Monaten ein Pflegepferd das sie regelmäßig besuchen und reiten darf. Es ist auf einem Bauernhof untergebracht der nicht weit von Annas Elternhaus entfernt ist. Jeden Montag und Samstag fährt sie mit dem Bus der an der Haltestelle in ihrer Straße hält zum Reitstall. Am Wochenende bringt sie manchmal ihre Mutter dorthin die Pferde ebenfalls liebt und als Mädchen auch gerne geritten ist.

3 KÖNNEN

TEST **Bilde Satzgefüge mit Relativsätzen, indem du die unterstrichenen Wörter/Sätze in Relativsätze umformst.**

a) Diese Kinder sind in meinem Sportverein. Sie gehen mit mir in eine Klasse.
b) Das leckere Käsebrot werde ich in der Pause essen.
c) Der Hund gehört meiner Freundin. Er bellt sehr laut.
d) Ich lese gerade ein spannendes Buch. Meine Patentante hat es mir geschenkt.

Inhaltssätze/Subjekt- und Objektsätze

1 VERSTEHEN

Nebensätze können im Satzgefüge die **Funktion eines Subjekts oder eines Objekts** übernehmen. Sie werden dann als **Subjektsätze** oder **Objektsätze** bezeichnet; beide werden auch **Inhaltssätze** genannt, denn sie geben häufig an, was jemand denkt, sagt, fragt, wünscht, hofft oder weiß. Sie kommen besonders oft in der indirekten Rede vor.
Durch entsprechende **Fragen** kann man ermitteln, ob es sich um es sich um einen Subjekt- oder Objektsatz handelt.

Wer die Antwort weiß, hebt bitte die Hand.
(*Wer oder was* hebt die Hand?)
Ich weiß genau, dass diese Aufgabe wichtig ist.
(*Wen oder was* weiß ich genau?)

Inhaltssätze treten oft als **indirekte Fragesätze** oder als **„dass"-Sätze** auf.

Wie man dieses Wort schreibt, steht im Duden.
(Subjektsatz, indirekter Fragesatz)
Der Lehrer fragt, ob wir die Hausaufgaben gemacht haben.
(Objektsatz, indirekter Fragesatz)
Dass du ein guter Schüler bist, freut mich.
(Subjektsatz, Konjunktionalsatz mit „dass")
Die Eltern wünschen sich, dass du fleißig bist.
(Objektsatz, Konjunktionalsatz mit „dass")

Inhaltssätze können nicht alleine stehen und werden immer durch ein Komma vom Hauptsatz getrennt.

TIPP

Inhaltssätze können auch in der Form von **Infinitivsätzen** (Infinitiv mit zu) auftreten.
Lina glaubt, **diese Aufgabe lösen zu können.**

2 ÜBEN

1 Schreibe hinter die Sätze, die einen Subjektsatz enthalten, ein (S) und hinter die Sätze mit einem Objektsatz ein (O).

Wer im März einen Spaziergang macht, kann die ersten Frühlingsblumen entdecken. .... Man kann sehen, wie Huflattich, Leberblümchen und auch Schneeglöckchen auf den Wiesen blühen. .... Dass Krokusse und Tulpen aus Zwiebeln wachsen, weiß jedes Kind. .... Ein bunter Tulpenstrauß auf dem Tisch zeigt, warum der Frühling so schön ist. ....

2 Bilde Satzgefüge, in denen die unterstrichenen Sätze zum Subjekt- oder Objektsatz werden. Manchmal musst du die Reihenfolge der Sätze verändern.

a) Im Frühling kommen viele Tierjunge zur Welt. Das haben wir heute in der Schule gelernt.
b) Wann ist der günstigste Zeitpunkt der Vermehrung? Das wissen die Tiere instinktiv.
c) Die ersten Vögel fangen an zu brüten. Das freut uns.
d) Wie bauen Rotkehlchen und Kohlmeisen ihre Nester? Das kann man jetzt beobachten.

3 KÖNNEN

TEST **Setze die fehlenden Kommas ein. Unterstreiche die Subjekt- und Objektsätze in zwei verschiedenen Farben.**

Jan möchte ausprobieren ob er auf der Fensterbank Kletterbohnen ziehen kann. Er weiß dass er dafür zunächst zwei Bohnenkerne etwa drei Zentimeter tief in einen Topf stecken muss. Sein Biologielehrer hat gesagt dass die Pflanzen nach ungefähr sieben Tagen anfangen zu wachsen. Wie oft er sie gießen muss hat Jan sich aufgeschrieben. Warum er einen dünnen Stock in den Topf hineinstecken sollte ist ihm klar. Daran sollen die Pflanzen hochklettern können. Jan hofft bald die ersten Bohnen zu ernten.

Infinitiv und Infinitivsatz

1 VERSTEHEN

Nach den **Modalverben (dürfen, können ...)** wird der Infinitiv ohne zu gebraucht.

Auch im Spessart muss man sich an Gesetze halten.
Man durfte noch nie rauben.

Beim Gebrauch der **Verben bleiben, lassen** und ebenso **gehen, fahren, sehen** und **hören** kann der Infinitiv ohne zu verwendet werden.

Der faule Spessarträuber bleibt den ganzen Tag im Bett liegen.
Er lässt sich das Frühstück an das Bett bringen.

Auch wenn das **Futur I** mit dem Hilfsverb **werden** gebildet wird, folgt der Infinitiv ohne zu.

In Zukunft wird die Bande weniger rauben.

Die Bildung des **Konjunktivs II** mit dem Hilfsverb **würden** zieht auch den Infinitiv ohne zu nach sich.

Am liebsten würden sie zum Förster umschulen.

Ein Infinitivsatz ist immer eine Infinitivkonstruktion mit zu.
Er ist ein **Gliedsatz ohne Subjekt**. Dieses steht im vorausgehenden Hauptsatz. Der Infinitivsatz bezieht sich also auf eine **Person** oder **Sache im Hauptsatz**.

Der Infinitiv steht **am Ende** des Infinitivsatzes. Da **zu** und der **Infinitiv** zwei Wörter sind, werden sie **getrennt geschrieben**.
Bei einem **trennbaren Verb** steht allerdings **zu** zwischen der Vorsilbe des Verbes und dem Verb selbst. Deshalb wird der Infinitiv des trennbaren Verbes **zusammengeschrieben**.

Ich möchte vermeiden, im Spessart Räuber zu treffen.
Jemand versucht, ein großes Hotel im Spessart aufzumachen.
Bei Misserfolg ist er gezwungen, das Hotel wieder zuzumachen.

2 ÜBEN

1 Unterstreiche nur die Infinitive.

Natürlich darf jeder, der will, im Wald spazieren. Jedoch ist es nicht erlaubt, seltene Pflanzen zu pflücken. Dieses muss nicht geschehen. In heutiger Zeit wird der Naturschutz an Wert gewinnen. Die Menschen würden zu viel Zerstörung nicht verzeihen.

2 Unterstreiche die Infinitivsätze und trenne sie mit Komma ab.

Um naturwissenschaftlich besondere Orte im Wald zu präsentieren wurden Waldlehrpfade errichtet. Ab den 1960er-Jahren geschieht dies immer häufiger in Deutschland mit dem Ziel den Besuchern an Stationen Wissen zu vermitteln. Man errichtet Schautafeln um über Flora, Fauna, Geologie oder Ökologie zu informieren.

3 KÖNNEN

TEST **Fülle die Lücken, entscheide, ob es sich um einen Infinitiv ohne *zu* oder um eine Infinitivkonstruktion mit *zu* handelt. Setze, wo es nötig ist, ein Komma, verwende die vorgegebenen Verben.**

Viele Menschen gehen .... im Wald .... (wandern). Sie versuchen .... gesund .... (leben) und die saubere Luft .... (genießen). Der Wald dient also dazu .... sich in der Nähe .... (erholen). Die Menschen hören weniger Maschinen .... (knattern), Autos .... (hupen) und Türen .... (schlagen). Fernab der Städte wird die Ruhe als erholsam empfunden. Der Körper reagiert und darf sich .... (erholen).

Lösungen

1. Wortarten

1.1 Flektierbare und unflektierbare Wortarten

Unterscheidung in flektierbare und unflektierbare Wortarten

Seite 6 **1** Das Gymnasium ist eine weiterführende Schule, an der man das Abitur machen kann. In unserer Stadt gibt es Gymnasien, Realschulen und Gesamtschulen, die alle einen sehr guten Ruf haben. Die Kinder und Jugendlichen in Deutschland haben Glück, dass sie alle regelmäßig in die Schule gehen können. In vielen Ländern der Welt ist das noch nicht der Fall.

Seite 7 **2** Linas großer Bruder Nils geht gerne zur Schule. Dort trifft er jeden Tag seine Freunde.

TEST

Textwort	Grundform
schreibt	schreiben
einen	ein
Brief	Brief
seinen	sein
Freund	Freund
beschreibt	beschrei-ben
seine	sein
Schule	Schule
Haus	Haus
seiner	sein
Famile	Familie
wohnt	wohnen
seine	sein
Schwester	Schwester

Textwort	Grundform
haben	haben
eigenen	eigen
Zimmer	Zimmer
denen	das
ungestört	ungestört
spielen	spielen
ihre	ihr
Hausaufgaben	Hausaufgaben
machen	machen
können	können
dem	das
Haus	Haus
gehört	gehören
ein	ein
großer	groß

Textwort	Grundform
Garten	Garten
eine	eine
Schaukel	Schaukel
Trampolin	Trampolin
gibt	geben
der	die
Schule	Schule
hat	haben
einige	einige
neue	neu
Freunde	Freund
gefunden	finden
verabredet hat	verabreden

Auswertung zum Test Für jedes richtige Paar aus Textwort und Grundwort erhältst du einen Punkt.

Von insgesamt 39 Punkten hast du .... Punkte erreicht.

Super!	In Ordnung!	Bitte noch einmal üben!
39 bis 32 Punkte	31 bis 20 Punkte	Weniger als 20 Punkte

Flektierbare Wortarten

Seite 8 **1** Alle **konjugierten** Wörter sind grün unterstrichen.

Lina hat morgen Geburtstag. Sie ist schon ganz aufgeregt. Wird sie wirklich den Sitzsack aus dem coolen Laden bekommen, den sie sich gewünscht hat? Bestimmt wird ihre

Mutter einen schönen Kuchen für sie backen. Und nachmittags kommen ihre Freundinnen zur Geburtstagsparty. Darauf freut sich Lina schon sehr.
Grundformen: haben, sein, werden, bekommen, wünschen, backen, kommen, freuen

2 Als die Jungen die Geschenke und die Kuchen mit den Kerzen sehen, freuen sie sich sehr. Geburtstage sind immer besondere Tage, an die sie sich später gerne erinnern werden. Wenn sie selbst einmal Kinder haben, werden sie ihnen auch unvergessliche Geburtstage bereiten. Seite 9

3 Jedes Kind liebt Weihnachten. Ein Tannenbaum wird geschmückt, ein Geschenk wird eingepackt, eine Kerze wird angezündet und ein Lied gesungen. Die Mutter/der Vater freut sich, wenn das Kind ihr/ihm ein selbst gebasteltes Geschenk überreicht oder ein Musikstück auf einem Instrument spielt. Die Oma/der Opa genießt die Feier im Kreis der Familie.

TEST

schwarz unterstrichen = deklinierbar türkis unterstrichen = konjugierbar

Im Laufe des Jahres gibt es noch viele weitere Feste, welche die Menschen gerne mit ihren Familien feiern. Zu Ostern verschenken sie bunte Eier und Schokoladenhasen, zum Ersten Mai zieren Marienkäfer und Maikäfer in farbigem Stanniolpapier den Tisch. An Halloween tragen die Kinder gruselige Kostüme und bekommen Süßigkeiten, wenn sie von Haus zu Haus gehen.

Auswertung zum Test Für jedes richtig unterstrichene Wort erhältst du einen Punkt. Für falsch unterstrichene musst du dir je einen Punkt abziehen.

Von insgesamt 42 Punkten hast du .... Punkte erreicht.

Super!	In Ordnung!	Bitte noch einmal üben!
42 bis 31 Punkte	30 bis 22 Punkte	Weniger als 22 Punkte

Unflektierbare Wortarten

1 *Beispiellösung:* „Buh!", rief das Gespenst, immer wenn es bei der Halloweenparty hinter einem Kind stand, das es erschrecken wollte. Seite 10

3 Jedes Jahr gibt es *in* der Schule eine Halloweenparty. Im letzten Jahr hatte sich Nils als *Mumie* verkleidet. Seine Mutter hatte ihm *dafür* ziemlich viele Mullbinden gegeben, mit denen er Arme, Beine und den *ganzen* Körper umwickeln *konnte*. Am Ende sah er *ganz* schön gruselig *aus*. Aber den Kostümwettbewerb gewann sein Freund Max, der als Vampir auftrat und *allen* einen gehörigen Schrecken einjagte.

TEST Seite 11

konjugiert	dekliniert	nicht flektierbar
erfreuen, sein, werden, bezeichnen, lieben, anziehen, feiern, geben, werfen	ein, Fest, das, einige, Gegend, groß, Beliebtheit, der, Karneval, er, fünfter, Jahreszeit, Kind, erwachsen, Mensch, Kostüm, Stadt, es, Karnevalsumzug, geschmückt, Wagen, die, Bonbon, Süßigkeit, Menge	zumindest, in, manchmal, auch, als, aber, und, zu, sogar, mit, von

Auswertung zum Test Für jede richtig eingetragene Grundform oder nicht flektierbare Form erhältst du einen Punkt.

Von insgesamt 45 Punkten hast du .... Punkte erreicht.

Super!	In Ordnung!	Bitte noch einmal üben!
45 bis 36 Punkte	35 bis 23 Punkte	Weniger als 23 Punkte

1.2 Das Nomen / Substantiv (Hauptwort)

Was sind Nomen?

Seite 13

1. Die Heinrich-Heine-Schule ist ein großes Gymnasium in unserer Stadt, an dem fast tausend Schülerinnen und Schüler von mehr als sechzig Lehrkräften unterrichtet werden. Neben zahlreichen Klassenzimmern sind viele weitere Unterrichtsräume für die verschiedenen Fächer vorhanden. Um die Verwaltung kümmern sich zwei Schulsekretärinnen. Es gibt auch zwei Hausmeister.

2. die Heinrich-Heine-Schule (fem.), das Gymnasium (neutr.), die Stadt (fem.), die Schülerin (fem.), der Schüler (mask.), die Lehrkraft (fem.), das Klassenzimmer (neutr.), der Unterrichtsraum (neutr.), das Fach (neutr.), die Verwaltung (fem.), die Schulsekretärin (fem.), der Hausmeister (mask.)

3.

	Nominativ	Genitiv	Dativ	Akkusativ
Singular	das Buch	des Buches	dem Buch	das Buch
Plural	die Bücher	der Bücher	den Büchern	die Bücher

Singular	der Stift	des Stiftes	dem Stift	den Stift
Plural	die Stifte	der Stifte	den Stiften	die Stifte

Singular	die Tafel	der Tafel	der Tafel	die Tafel
Plural	die Tafeln	der Tafeln	den Tafeln	die Tafeln

Seite 14

4. a) Wer oder was kommt in die Klasse? → Nominativ, Singular
   b) Wen oder was begrüßt er? → Akkusativ, Plural
   c) Wem zeigt Peter das neue Heft? → Dativ, Singular
   d) Wer oder was liegt auf dem Tisch? → Nominativ, Plural
   e) Wessen Titel steht an der Tafel? → Genitiv, Singular

5. a) Sie bereitet das Konzert für Weihnachten vor. Wen oder was bereitet sie vor? (Neutrum, Singular, Akkusativ)
   b) Der Flügel muss vorher auf jeden Fall noch einmal gestimmt werden. Wer oder was muss gestimmt werden? (Maskulinum, Singular, Nominativ)
   c) Die Aufregung der Schülerinnen ist groß. Wessen Aufregung ist groß? (Femininum, Plural, Genitiv)
   d) Der Direktor wird das Publikum in der Aula begrüßen. Wen oder was wird er begrüßen? (Neutrum, Singular, Akkusativ)

Seite 15

6. Singen (Neutrum, Singular, Nominativ), Musizieren (Neutrum, Singular, Akkusativ)

TEST

Gestern wurde in der Aula unserer Schule ein Theaterstück aufgeführt. Der Titel des Stücks war „Wilhelm Tell – das Musical“. Es war eine veränderte Fassung des berühmten Dramas von Friedrich Schiller, die sich die Schülerinnen und Schüler der fünften und sechsten Jahrgangsstufe zusammen mit ihrem Deutschlehrer und der Musiklehrerin ausgedacht hatten. Es gab viele lustige, bunte Szenen und phantasievolle Kostüme. Das Singen und Theaterspielen hat allen Mitwirkenden sehr viel Spaß gemacht. Bei zahlreichen Proben hatten die Mädchen und Jungen ihre Rollen gründlich einstudiert und das Sprechen, Singen und Tanzen immer wieder geübt. Der Lohn für ihre Anstrengung war der Beifall des Publikums, das von der Vorstellung begeistert war. In dieser Woche wird noch eine Aufführung stattfinden, für die es noch Karten gibt Also kommt mit euren Eltern vorbei, falls ihr das Stück gerne sehen wollt.

a) Singen und Theaterspielen (Neutrum, Singular, Nominativ)
b) Sprechen, Singen und Tanzen (Neutrum, Singular, Akkusativ)

Auswertung zum Test Für jede richtige Unterstreichung und für jede richtige Bestimmung erhältst du einen Punkt.

Von insgesamt 38 Punkten hast du .... Punkte erreicht.

Super!	In Ordnung!	Bitte noch einmal üben!
38 bis 33 Punkte	32 bis 20 Punkte	Weniger als 20 Punkte

1.3 Der Artikel

Bestimmte und unbestimmte Artikel

1 der Mann, der Tisch, der Mut, der Hund, der Fluss Seite 17
die Familie, die Meinung, die Arbeit, die Stadt, die Katze, die Erfahrung
das Haus, das Zimmer, das Baby, das Auto

2

	bestimmter Artikel	unbestimmter Artikel
Vater	der Vater	ein Vater
Väter	die Väter	–
Mutter	die Mutter	eine Mutter
Mütter	die Mütter	–
Kind	das Kind	ein Kind
Kinder	die Kinder	–

3 die Maus, die Mäuse, eine Maus Seite 18
der Maus, der Mäuse, einer Maus
der Maus, den Mäusen, einer Maus
die Maus, die Mäuse, eine Maus

das Mädchen, die Mädchen, ein Mädchen
des Mädchens, der Mädchen, eines Mädchens
dem Mädchen, den Mädchen, einem Mädchen
das Mädchen, die Mädchen, ein Mädchen

die Übung, die Übungen, eine Übung
der Übung, der Übungen, einer Übung
der Übung, den Übungen, einer Übung
die Übung, die Übungen, eine Übung

Seite 19 **TEST**

a) Laura mag ihre Familie wirklich sehr gern. Die Familie ist wichtig. Laura ist glücklich, dass sie eine Schwester und einen Bruder hat. Jedenfalls meistens. An manchen Tagen jedoch wünscht sie sich, dass sie ein Einzelkind wäre, so wie ihre Freundin Katharina. Dann müsste sie sich nicht über das Verhalten ihrer Schwester ärgern, so wie am letzten Sonntag, als diese sich einfach das schöne Buch ausgeliehen hat, das Laura von Onkel Karl zum Geburtstag bekommen hat. Oder über das spöttische Lachen ihres Bruders, dem seine Freunde in der Schule erzählt haben, dass sie angeblich in einen Jungen aus der achten Klasse verliebt sei. Das stimmt natürlich überhaupt nicht. Die Geschichte hat ein Mädchen aus der Parallelklasse in die Welt gesetzt, um Laura zu ärgern. Aber oft, wenn die ganze Familie gemeinsam am Abendbrottisch sitzt, so wie heute, dann denkt Laura: „Gut, dass ihr alle da seid. Ohne die Familie wäre das Leben nur halb so schön."

b) die Familie (Fem., Sg., Nominativ), eine Schwester (Fem., Sg., Akkusativ), einen Bruder (Mask., Sg., Akkusativ), ein Einzelkind (Neutr., Sg., Nominativ), das Verhalten (Neutr., Sg., Akkusativ), am ... Sonntag (an dem – Mask., Sg., Dativ), das ... Buch (Neutr., Sg., Akkusativ), zum Geburtstag (zu dem – Mask., Sg., Dativ)

Auswertung zum Test Für jede richtige Unterstreichung und für jede richtige Bestimmung erhältst du einen Punkt.

Von insgesamt 27 Punkten hast du .... Punkte erreicht.

Super!	In Ordnung!	Bitte noch einmal üben!
27 bis 22 Punkte	21 bis 15 Punkte	Weniger als 15 Punkte

1.4 Das Adjektiv (Eigenschaftswort)

Was sind Adjektive?

Seite 21 kleinmitaberlebhaftoderruhigoftrennensichseinriesigfortwinzigfrechausgefährlich dannwiederlustigfliegenschlaufreiuntermüdesogroß

1. gut – schlecht, lebendig – tot, mutig – feige, hoch – tief, schwarz – weiß, hungrig – satt, schnell – langsam, hell – dunkel, traurig – lustig, selten – häufig, billig – teuer, bunt – einfarbig, eckig – rund, arm – reich, dumm – klug, ...

2. Beispiellösung: windig – windstill, groß – klein, riesig – winzig, modern – altmodisch, sonnig – schattig

3.

	Singular	Plural	Singular	Plural
Nominativ	der freche Affe	die frechen Affen	die kleine Maus	die kleinen Mäuse
Genitiv	des frechen Affen	der frechen Affen	der kleinen Maus	der kleinen Mäuse
Dativ	dem frechen Affen	den frechen Affen	der kleinen Maus	den kleinen Mäusen
Akkusativ	den frechen Affen	die frechen Affen	die kleine Maus	die kleinen Mäuse

4 Am letzten Sonntag waren Nils und seine jüngere Schwester Lina mit ihrer netten Tante Karin im Zoo. Das Wetter war sehr schön und an der Kasse stand eine lange Schlange. Die ungeduldigen Kinder konnten es kaum abwarten, bis sie durch das riesige Eingangstor in den Zoo gehen durften. Als erstes wollten sie das berühmte Affenhaus sehen. Besonders die frechen und lustigen Schimpansen hatten es ihnen angetan. Aber auch der alten Gorilladame, die mit ernstem Gesichtsausdruck eine frische Banane verzehrte, schauten sie eine Weile zu. Danach gingen sie weiter zu dem neuen Eisbärgehege, um den kleinen Eisbären Knut zu bewundern, der vor drei Monaten im Zoo geboren wurde. Alle großen Zeitungen und auch das Fernsehen hatten darüber berichtet. Nachdem sie noch viele andere exotische Tiere gesehen hatten, fuhren Nils, Lina und Tante Karin am frühen Abend müde, aber glücklich mit dem Bus wieder nach Hause. Seite 22

5
a) die frechen und lustigen Schimpansen (Plural, Nominativ)
b) der alten Gorilladame (Singular, Dativ)
c) den kleinen Eisbären (Singular, Akkusativ)
d) exotische Tiere (Plural, Akkusativ)

TEST Seite 23

a) Die größte Attraktion im Zoo ist das neugeborene Elefantenbaby/Sg., Nominativ, das den neugierigen Zuschauern/Pl., Dativ viel Freude bereitet.
b) Bei der Fütterung werfen die Tierpfleger den hungrigen Seehunden/Pl., Dativ die Fische zu.
c) Der schwere Eisbär/Sg., Nominativ ist trotz seines Gewichts ein hervorragender Schwimmer/Sg., Nominativ.
d) Die putzigen Pinguine/Pl., Akkusativ sehen die Leute, die den berühmten Zoo/Sg., Akkusativ besuchen, immer wieder gerne.
e) Das Gehege der afrikanischen Elefanten/Pl., Genitiv befindet sich in diesem Zoo am Ende des breiten Hauptweges/Sg., Genitiv.

Auswertung zum Test Für jede richtig ausgefüllte Lücke (Artikel, Adjektiv, Nomen) erhältst du einen Punkt, ebenso für jede richtige Bestimmung.

Von insgesamt 18 Punkten hast du .... Punkte erreicht.

Super!	In Ordnung!	Bitte noch einmal üben!
18 bis 15 Punkte	14 bis 10 Punkte	Weniger als 10 Punkte

Komparation (Steigerung) der Adjektive

1 Seite 25

Positiv	Komparativ	Superlativ
hoch	höher	am höchsten
weit	weiter	am weitesten
nah	näher	am nächsten
niedrig	niedriger	am niedrigsten

2

sauer	süßer
eckig	runder
hässlich	schöner
teuer	billiger

einfach	schwieriger
alt	jünger
klein	größer
satt	hungriger

tief	höher
hell	dunkler
leise	lauter
häufig	seltener

3

Kraft	am kräftigsten
Ruhe	am ruhigsten
Gefahr	am gefährlichsten

Klugheit	am klügsten
Eile	am eiligsten
Sport	am sportlichsten

Seite 26

4 groß – größer – am größten
Das Schwein ist schwer. Der Elefant ist schwerer. Der Wal ist am schwersten.
Das Zebra ist schnell. Die Antilope ist schneller. Der Gepard ist am schnellsten.
Das Wildschwein ist gefährlich. Der Wolf ist gefährlicher.
Der Tiger ist am gefährlichsten.

5 eiskalt – brandgefährlich – rabenschwarz – uralt – riesengroß

Seite 27

6 Lina: Ich habe **viele** Tiere fotografiert.
Kerstin: Ich habe mehr Tiere fotografiert.
Paul: Ich habe die meisten Fotos gemacht.

Clara: Mir hat es im Affenhaus gut gefallen.
Max: Ich fand das Aquarium besser.
Ole: Am besten war es bei der Raubtierfütterung.

Seite 28

7 warm – wild – schriftlich – bitter – tot – hübsch – köstlich – blau – scharf – ängstlich – ungeschickt – spanisch – mutig - mündlich

Beispiellösung:
hübsch – hübscher – am hübschesten
scharf – schärfer – am schärfsten
mutig – mutiger – am mutigsten

8 *Beispiellösung:*
Adjektive bestimmen Nomen näher. So können beispielsweise Personen Eigenschaften gegeben werden (der große Mann). Man kann mit ihnen bewerten: das gewaltige Gewitter, der schlaue Hund. Vergleiche sind mit ihnen möglich: Die stärkere Ina ... Adjektive machen auf diese Weise Ausagen konkreter. Es wird deutlich »wie« etwas oder jemand ist. Erzählungen/Geschichten werden durch die Verwendung von Adjektiven lebendiger.

Seite 29

TEST

Einer der berühmtesten (S) Zoos in Deutschland ist der beliebte (P) Tierpark Hagenbeck in Hamburg, der im Jahr 1907 eröffnet wurde. Einen schöneren (K) Zoo findet man selten. Bei spannenden (P) Rundgängen können die interessierten (P) Besucher die zahlreichen (P) Tiere bewundern; die Gehege und Anlagen sind weitläufiger (K) und moderner (K) ausgestattet als in den meisten (S) Zoos. Hier lebt eine der größten (S) Elefantenherden Europas. Die Fütterung der asiatischen (P) Elefanten zieht täglich viele begeisterte (P) Gäste an. Besonders hervorzuheben ist auch die neue (P) Eismeeranlage mit modernster (S) Kälte- und Wassertechnik, in der durch riesige (P) Panoramascheiben majestätische (P) Eisbären, lebhafte (P) Pinguine, Seebären und Walrosse aus nächster (S) Nähe beobachtet werden können. Einer der bekanntesten (S) Bewohner des Tierparks war das kolossale (P) Walross Antje, das viele Jahre lang das prägnante (P) Wahrzeichen des Norddeutschen (P) Rundfunks war. Auch heute ist der erfolgreiche (P) Tierpark öfter im Fernsehen präsent (P), als regelmäßiger (P) Gastgeber der interessanten (P) NDR-Fernsehserie „Leopard, Seebär & Co.". Wenn ihr in den Ferien einmal nach Hamburg kommen solltet, könnt ihr mit euren Eltern vielleicht diesen hervorragenden (P), attraktiven (P) Tierpark besuchen.

Auswertung zum Test Für jedes richtig bestimmte Adjektiv erhältst du einen Punkt.

Von insgesamt 28 Punkten hast du .... Punkte erreicht.

Super!	In Ordnung!	Bitte noch einmal üben!
28 bis 22 Punkte	21 bis 8 Punkte	Weniger als 8 Punkte

1.5 Das Verb (Tätigkeitswort)

Was sind Verben?

1 Seite 30

Handlungen	Vorgänge	Zustände
glauben	entstehen	weiterleben
bauen		wohnen
behängen		sein
füllen		

2 Seite 31

a) Touristen aus aller Welt besuchen die berühmten Pyramiden am Westufer des Nils bei Gizeh..

b) Touristen aus aller Welt, besucht die berühmten Pyramiden am Westufer des Nils bei Gizeh!

c) Die berühmten Pyramiden am Westufer des Nils bei Gizeh wurden schon vor vielen Jahren von Touristen aus aller Welt besucht.

d) Es wäre schade, wenn die berühmten Pyramiden am Westufer des Nils bei Gizeh nicht von Touristen aus aller Welt besucht werden könnten.

3 Zu unterstreichen waren: Seite 32

a) bienen b) rosen c) aufgaben
d) frauen e) menschen f) beamten

Alle Wörter enden auf -en oder -n. Die sechs unterstrichenen Wörter sind Nomen im Plural und müssen eigentlich großgeschrieben werden.

4 Zu finden waren: sagen, sehen, nähen, rufen, reden, nagen

5 b) befehlen c) ruhen d) schwimmen/baden
e) gehen f) pflegen g) richten h) schrauben

TEST Seite 33

Jede Pyramide ist/war das Grab eines Pharao. Das Bauwerk symbolisiert/symbolisierte Ruhm und Glanz seiner Herrschaft. Die kostbaren Grabbeigaben wurden zugleich vor

Räubern geschützt. Du hast bestimmt schon einmal den Namen der größten Pyramide gehört. Ihr Erbauer heißt/hieß Cheops. Neben ihr werden auch in ferner Zukunft noch die Pyramiden seines Sohnes Chefren und seines Enkels Mykerinus stehen.

Auswertung zum Test Für jedes richtig konjugierte Verb erhältst du einen Punkt.

Von insgesamt 6 Punkten hast du .... Punkte erreicht.

Super!	In Ordnung!	Bitte noch einmal üben!
9 bis 8 Punkte	7 bis 5 Punkte	Weniger als 5 Punkte

Person und Numerus bei Verben

Seite 35

1

fliegen	Sg.	Pl.
1. Pers.	ich fliege	wir fliegen
2. Pers.	du fliegst	ihr fliegt
3. Pers.	er/sie/es fliegt	sie fliegen
fragen	Sg.	Pl.
1. Pers.	ich frage	wir fragen
2. Pers.	du fragst	ihr fragt
3. Pers.	er/sie/es fragt	sie fragen

reden	Sg.	Pl.
1. Pers.	ich rede	wir reden
2. Pers.	du redest	ihr redet
3. Pers.	er/sie/es redet	sie reden
hüpfen	Sg.	Pl.
1. Pers.	ich hüpfe	wir hüpfen
2. Pers.	du hüpfst	ihr hüpft
3. Pers.	er/sie/es hüpft	sie hüpfen

2
a) 2. Pers. Sg. – streiten
b) 3. Pers. Pl. – rufen
c) 1. Pers. Sg. – rennen
d) 3. Pers. Sg. – malen
e) 2. Pers. Pl. – halten
f) 1. Pers. Pl. – denken

Seite 36

3 In Ägypten stehen heute noch sehr viele Pyramiden. Sie dienten als Grabstätten, in denen die Mumien von Pharaonen beigesetzt wurden. Willst du auch einmal ins Land der Pyramiden fliegen? — stehen (3. Pers. Pl.) – dienten (3. Pers. Pl.) – beigesetzt wurden (3. Pers. Pl.) – willst (2. Pers. Sg.)

4 erzählt – 3. Pers. Sg.; haben – 1. Pers. Pl; platzt – 3. Pers. Sg.; leben – 3. Pers. Pl; müsst – 2. Pers, Pl.; vorstellen – Infinitiv; erwarten – 3. Pers. Pl.; plant – 3. Pers. Sg.; bin – 1. Pers. Sg..; wird – 3. Pers. Sg.

5 Sie können auf einem Kreuzfahrtschiff den Nil bereisen. Sie dürfen keine antiken Gegenstände aus Ägypten ausführen. Innerhalb der Ausgrabungsstätten müssen Sie auf den Wegen bleiben. In den Moscheen sollten Sie die Schuhe ausziehen. Wenn Sie auf die Menschen zugehen, finden Sie schnell Kontakt zu Einheimischen.

Seite 37

TEST

Meine Eltern wollen (3. Pers. Pl.) unbedingt nach Ägypten fliegen. „Ich hasse (1. Pers. Sg.) Flugreisen“, nörgle ich. „Du weißt (2. Pers. Sg.) doch gar nicht, wie schön es dort ist (3. Pers. Sg.)“, schimpft (3. Pers. Sg.) Papa. „Du darfst (2. Pers. Sg.) auch auf einem Kamel reiten“, lockt (3. Pers. Sg.) mich meine Mutter. Genervt schlage ich vor (1. Pers. Sg.):

„Ihr könnt (2. Pers. Pl.) euch die Steintrümmer doch alleine anschauen." „Wir faulenzen (1. Pers. Pl.) jeden zweiten Tag am Strand, in Ordnung?", verspricht (3. Pers. Sg.) Papa. „Na gut", antworte (1. Pers. Sg.) ich. „Eigentlich freue (1. Pers. Sg.) ich mich schon auf die Reise."

Auswertung zum Test Für jedes richtig konjugierte Verb und dessen Bestimmung erhältst du einen Punkt.

Von insgesamt 13 Punkten hast du .... Punkte erreicht.

Super!	In Ordnung!	Bitte noch einmal üben!
13 bis 11 Punkte	10 bis 7 Punkte	Weniger als 7 Punkte

Überblick Tempora (Zeitformen)

1 t: bittet, freut, ruft, antwortet, dankt en: bitten, freuen, rufen, antworten, danken Seite 39

2 Beispiellösung: Es fällt auf, dass bei **bittet**, **freut** usw. die 3. Pers. Sg. (er bittet) und die 2. Pers. Pl. (ihr bittet) jeweils gleich gebildet werden, und auch der Infinitiv, die 1. Pers. Pl. und die 3. Pers. Pl. werden gleich gebildet: bitten (Infinitiv), wir bitten (1. Pers. Pl.), sie bitten (3. Pers. Pl.).

3 a) allgemeingültige Aussage
b) sich ständig wiederholender Vorgang
c) aktuelles Geschehen
d) zukünftiges Geschehen mit Zeitangabe

4 a) Ich gehe in den Tempel. b) Er kommt aus Nubien am Obernil. Seite 40
c) Ihr lernt die Hieroglyphen. d) Du schreibst auf Papyrus.
e) Sie zieht/ziehen durch die Wüste. f) Wir bauen ein Grabmal.
g) Er und ich reiten um die Wette.

5 Um Papyrus herzustellen, schneidet ihr das Mark der Papyrusstängel in bis zu vier Zentimeter breite Streifen. Ihr legt diese leicht überlappend aneinander. Anschließend presst ihr zwei einander kreuzweise überlagernde Schichten dieser Streifen zu einem festen Blatt. Gleich darauf klopft ihr die Schichten mit einem glatten Stein zusammen. Danach trocknet ihr die „Platte", die von der Klebekraft des stärkehaltigen Pflanzensafts zusammengehalten wird. Endlich könnt ihr den Papyrus bemalen oder beschreiben. Viele dieser „Einzelplatten" verklebt ihr zu ganzen Rollen.

6 Aus „sie" wird „ihr", und statt der Personalendung „-en" muss „-t" benutzt werden. Seite 41

7 a) Der Bauer stellt das Bewässerungsrad ab. Seite 42
b) Der Pharao stellt ein neues Heer auf.
c) Hunefer verstellt seine Stimme beim Spiel.

TEST Seite 43

a) Eine Nilkreuzfahrt kann sehr aufregend sein. (3. Pers. Sg. Präs.)
b) Wir wollen viele alte Bauwerke besichtigen. (1. Pers. Pl. Präs.)
c) Der Reiseleiter erklärt uns alles. (3. Pers. Sg. Präs.)
d) Seht ihr die große Pyramide? (2. Pers. Pl. Präs.)

e) Sie trägt den Namen von Cheops. (3. Pers. Sg. Präs.)
f) Diesen Pharao kennen alle. (3. Pers. Pl. Präs.)
g) Möchtest du das Tal der Könige sehen? (2. Pers. Sg. Präs.)
h) Ich interessiere mich sehr für Tutanchamun. (1. Pers. Sg. Präs.)
i) Der Tourismus ist wichtig für Ägypten. (3. Pers. Sg. Präs.)

Auswertung zum Test Für jedes richtig unterstrichene Verb erhältst du einen Punkt, für jede richtige Bestimmung einen weiteren.

Von insgesamt 18 Punkten hast du .... Punkte erreicht.

Super!	In Ordnung!	Bitte noch einmal üben!
18 bis 16 Punkte	15 bis 10 Punkte	Weniger als 10 Punkte

Die Bildung der Vergangenheitsformen (Präteritum, Perfekt, Plusquamperfekt)

Seite 45 **1** Die Steinblöcke für die Pyramiden wurden in den Bergen westlich des Nils aus dem Fels geschlagen. Man brachte sie auf Flößen den Nil hinab. Männer zogen sie auf Schlitten und Holzwalzen zum Bauplatz. Aufgeschichtete Erde bildete dann die Rampe bis zur Spitze der Pyramide. Über 20 000 Menschen arbeiteten gleichzeitig am Bau, nicht Sklaven, sondern angesehene Bürger, Bauern, Handwerker, denn sie begriffen es als eine Ehre, am Bau mitzuhelfen. Die Arbeit war sehr anstrengend, da die Ägypter zu dieser Zeit weder Rad noch Flaschenzug kannten. Ein Meisterwerk war es auch, wie die Ägypter die vielen Arbeiter mit Nahrung versorgten.

Vergleich Infinitiv – Verb: werden - wurden, bringen - brachte, ziehen - zogen, begreifen - begriffen, kennen – kannten. Es handelt sich um starke Verben, bei denen der Stammvokal verändert wird.

Seite 46 **2** *Beispiellösung*:
Verben mit „haben": riechen/wir haben gerochen, schlafen/wir haben geschlafen, träumen/wir haben geträumt, rechnen/wir haben gerechnet, trinken/wir haben getrunken, sehen/wir haben gesehen, schreien/wir haben geschrien, teilen/wir haben geteilt, streiten/wir haben gestritten, singen/wir haben gesungen, zittern/wir haben gezittert ...
Verben mit „sein": kriechen/wir sind gekrochen, steigen/wir sind gestiegen, rennen/wir sind gerannt, reiten/wir sind geritten, kommen/wir sind gekommen, fahren/wir sind gefahren, aufwachen/wir sind aufgewacht, hüpfen/wir sind gehüpft, schrumpfen/wir sind geschrumpft, wachsen/wir sind gewachsen ...
Es ist einfacher, Beispiele für Verbformen mit „haben" zu finden, weil die meisten Verben ihre Präteritumsformen mit diesem Hilfsverb bilden. Mit „sein" werden vor allem Verben der Fortbewegung und der Zustandsänderung gebildet.

Seite 47
a) (ich) sang, habe gesungen, hatte gesungen
b) (du) liefst, bist gelaufen, warst gelaufen
c) (es) wuchs, ist gewachsen, war gewachsen
d) (ich) schwamm, bin geschwommen, war geschwommen
e) (ihr) spieltet, habt gespielt, hattet gespielt
f) (sie) brachten, haben gebracht, hatten gebracht

TEST

sie bauten	1. Pers. Sg. Präteritum
wir haben gegessen	3. Pers. Sg. Präteritum
du hattest gewartet	3. Pers. Sg. Plusquamperfekt
sie sägte	1. Pers. Pl. Perfekt
du hast gehackt	2. Pers. Sg. Plusquamperfekt
er hatte geschnitten	2. Pers. Sg. Perfekt
ihr habt gefragt	3. Pers. Pl. Präteritum
ich faulenzte	2. Pers. Pl. Perfekt

Auswertung zum Test Für jede richtige Verbindungslinie erhältst du einen Punkt.

Von insgesamt 8 Punkten hast du .... Punkte erreicht.

Super!	In Ordnung!	Bitte noch einmal üben!
8 bis 7 Punkte	6 bis 5 Punkte	Weniger als 5 Punkte

Der Gebrauch der Vergangenheitsformen

1 Um die Körper auch für die Ewigkeit nach dem Tode frisch zu halten, mumifizierten die Ägypter die toten Pharaos. Dadurch haben sie viele dieser alten Könige und Königinnen bis heute erhalten. Nachdem man die Körper mit Salböl behandelt hatte, umwickelte man sie mit Binden. Diesen Körpern entzog man durch Salz vor allem das Wasser, sodass sie noch heute als Mumien in Museen ausgestellt werden können. **Seite 49**
sie mumifizierten – 3. Pers. Pl. Präteritum – abgeschlossener Vorgang
sie haben erhalten – 3. Pers. Pl. Perfekt – Auswirkungen bis in die Gegenwart
man hatte behandelt – 3. Pers. Sg. Plusquamperfekt – Vorzeitigkeit vor Präteritum
man umwickelte – 3. Pers. Sg. Präteritum – abgeschlossener Vorgang
man entzog – 3. Pers. Sg. Präteritum – abgeschlossener Vorgang

2 Nach der Aussaat trieben die Bauern Schafe über die Äcker, damit sie die Körner eintraten. Bei der Ernte schnitten die Bauern die Ähren mit Sicheln ab und warfen sie in Körbe und Netze. Die Körbe waren sehr groß, zwei Männer befestigten je einen an einem Stock und trugen ihn so übers Feld. In der Tenne traten dann die mit Rufen und Stöcken angetriebenen Ochsen oder Esel das Korn aus.

3 a) Nachdem sein Vater ihm ein Kamel geschenkt hatte, konnte Hunefer nun auf seine eigenen Kamel zu der Oase reiten.
b) Nachdem die Lehmziegel in der Sonne getrocknet und hart geworden waren, konnten man sie zum Bauen von Häusern verwenden.
c) Bevor die Bauern Getreide und Gemüse ernten konnten, waren die Felder mithilfe des Nils bewässert worden.

4 a) getreten haben (Perfekt) **Seite 50**
b) vorgelegt hatten (Plusquamperfekt)

5 „vorgelegt hatten“ (Plusquamperfekt) wird zu „vorgelegt haben“ (Perfekt)

Seite 51 TEST

Vieles von den Kunstschätzen ist verloren gegangen (3. Pers. Sg. Perfekt), da viele Könige die Gräber und Statuen ihrer Vorgänger verwüsteten (3. Pers. Pl. Präteritum). Sie wollten (3. Pers. Pl. Präteritum) damit die Erinnerung an sie zerstören. Außerdem haben Grabräuber viel gestohlen (3. Pers. Pl. Perfekt). Bevor sie in die Grabräume eindrangen (3. Pers. Pl. Präteritum), hatten sie durch die Ausschachtungen große Schäden angerichtet (3. Pers. Pl. Plusquamperfekt). Bei einem Brand in der Bibliothek von Alexandria wurden (3. Pers. Pl. Präteritum) viele der alten Schriften ein Raub der Flammen. Alle diese Ereignisse haben die Begeisterung für die ägyptische Kultur jedoch nicht vermindert (3. Pers. Pl. Perfekt).

Auswertung zum Test Für jedes richtig konjugierte Verb mit Bestimmung erhältst du einen Punkt. Von insgesamt 8 Punkten hast du .... Punkte erreicht.

Super!	In Ordnung!	Bitte noch einmal üben!
8 bis 7 Punkte	6 bis 5 Punkte	Weniger als 5 Punkte

Bildung und Gebrauch der Zukunftsformen

Seite 53 1 a) – Dem Kot wird vor der Ausscheidung die meiste Flüssigkeit entzogen werden. (Futur I)
– Dem Kot wird vor der Ausscheidung die meiste Flüssigkeit entzogen worden sein. (Futur II)

b) – Der Rückenhöcker wird Fettvorräte enthalten. (Futur I)
– Der Rückenhöcker wird Fettvorräte enthalten haben. (Futur II)

c) – Die Körpertemperatur von Dromedaren wird nachts stark absinken. (Futur I)
– Die Körpertemperatur von Dromedaren wird nachts stark abgesunken sein. (Futur II)

Seite 54 2 a) 1. Pers. Sg. Futur I – Hoffnung
b) 2. Pers. Sg. Futur I – Vermutung
c) 1. Pers. Sg. Futur II – Hoffnung
d) 1. Pers. Pl. Futur II – zukünftiges Ereignis
e) 3. Pers. Sg. Futur I – Nachzeitigkeit nach Ereignis im Präsens
f) 2. Pers. Pl. Futur I – Verbot

Seite 55 TEST

Das Kamel ist in der Wüste ein wichtiges Nutztier. Seit vielen Jahrhunderten haben die Menschen, die dort wohnen, Kamele als Reittiere oder für den Transport von Lasten eingesetzt. Schon früher legten Händler und andere Reisende mit ihnen weite Strecken in der Wüste zurück, nachdem sie sich in Karawanen zusammengeschlossen hatten. Wenn ein Kamel bis zu 50 Liter getrunken hat, braucht es lange Zeit keine weitere Flüssigkeit mehr. Nachdem die Nomadenvölker diese Fähigkeit erkannt hatten, schätzten sie die Kamele sehr. Die großen, flachen Füße des Kamels eignen sich durch die beiden breiten Zehen besonders für das Laufen auf dem Wüstensand. Außerdem wirst du dich vielleicht darüber wundern, dass Kamele bei einem Sandsturm ihre Nasenlöcher verschließen können. Man unterscheidet die zweihöckrigen Kamele, auch als Trampeltiere bekannt, von den einhöckrigen Dromedaren, die überwiegend in Nordafrika zu finden

sind. In den Höckern wird übrigens kein Wasser gespeichert, sondern Fett, das Energie liefert, wenn das Kamel einige Tage nur wenig Nahrung bekommen hat. Nachdem sie domestiziert worden waren, hatten Kamele für die Menschen, die in Wüstengebieten lebten, große Bedeutung, und dies wird auch in Zukunft wohl noch lange der Fall sein. Geht doch bald einmal in den Zoo und seht euch dort die Kamele an. Das wird euch sicher Spaß machen!
es ist (3. Pers. Sg. Präs.); sie haben eingesetzt (3. Pers. Pl. Perf.); sie wohnen (3. Pers. Pl. Präs); sie legten zurück (3. Pers. Pl. Prät.); sie hatten sich zusammengeschlossen (3. Pers. Pl. Plusquamperfekt); er hat getrunken (3. Pers. Sg. Perf.); es braucht (3. Pers. Sg. Präs.); sie hatten erkannt (3. Pers. Pl. Plusquamperfekt); sie schätzten (3. Pers. Pl. Prät.); sie eignen sich (3. Pers. Pl. Präs.); du wirst dich wundern (2. Pers. Sg. Futur I); sie können (3. Pers. Pl. Präs); man unterscheidet (3. Pers. Sg. Präs.); sie sind (3. Pers. Pl. Präs.); es wird gespeichert (3. Pers. Sg. Präs.); es liefert (3. Pers. Sg. Präs.); es hat bekommen (3. Pers. Sg. Perf.); sie waren domestiziert worden (3. Pers. Pl. Plusquamperfekt); sie hatten (3. Pers. Pl. Prät.); sie lebten (3. Pers. Pl. Prät.); es wird sein (3. Pers. Sg. Futur I.); geht! (Imperativ 2. Pers. Pl.); seht euch an! (Imperativ 2. Pers. Pl.); es wird machen (3. Pers. Sg. Futur I)

Auswertung zum Test Für jede richtige Unterstreichung eines kompletten Prädikats (wirst ... vergessen haben) erhältst du einen Punkt, für jede richtige Bestimmung einen weiteren..

Von insgesamt 48 Punkten hast du .... Punkte erreicht.

Super!	In Ordnung!	Bitte noch einmal üben!
48 bis 39 Punkte	39 bis 25 Punkte	Weniger als 25 Punkte

Aktiv und Passiv

1 a) er wird gerufen **Seite 57**
b) wir wurden gelobt
c) du wirst eingeladen werden
d) Ihr seid belohnt worden

2 a) Das Kamel wurde von Hunefer gepflegt.
b) Kleopatra ist von Cäsar geliebt worden.
c) Der Spielzeuglöwe ist von Nefertari versteckt worden.
d) Eine Handvoll Datteln werden ihm von ihr geschenkt.
e) Faule Bauarbeiter waren vom Pharao bestraft worden.
f) Es wird morgen von ihm erledigt worden sein.
g) Die größte Pyramide ist von Cheops erbaut worden.

3 Papyrus ist von den Ägyptern viele Jahrhunderte lang hergestellt worden. **Seite 58**
Die Geometrie wurde von der ägyptischen Hochkultur hervorgebracht.
Die Pyramiden werden täglich von Tausenden Touristen besucht.
Das Rätsel der Sphinx wird auch in Zukunft nicht gelöst werden.
Gegen Nilfluten waren von ägyptischen Ingenieuren Dämme gebaut worden.
Viele Altertümer werden bald von Umwelteinflüssen zerstört worden sein.

4

.....	Er wird weglaufen.	.....	Er wird das Kamel zähmen.
V	Sie wird geschlagen.	.....	Nephtis spielt Flöte.
Z	Sie sind entdeckt.	V	Sie werden in dicke Ringe geschnitten.
.....	Er wird die Antilope jagen.	.....	Das Wetter wird schön.
.....	Ich werde ihn nicht schlagen.	V	Die Antilope wird gejagt.
V	Die Eier waren im Nest gefunden worden.	Z	Das Holz ist zersägt.
.....	Man schneidet die Früchte in Stücke.	.....	Hunefer wird auf den Markt reisen.
V	Sie wurden ins Wasser geschubst.	V	Es wird laut getrommelt.
Z	Der Tontopf war zerbrochen.	.....	Sie hatten den Topf zerbrochen.
.....	Er entdeckte die Karawane.	.....	Sie werden sicher kommen.
V	Die Datteln wurden gewaschen.	V	Das Kamel wird gezähmt werden.
.....	Sie lachen sehr viel.	V	Es wird verkauft.

5

a) Hunefers Kamel wird verkauft. Vorgangspassiv Hunefers Kamel ist verkauft.
b) Die Karawane ist von Aufständischen ausgeraubt. Zustandspassiv
Die Karawane wird von Aufständischen ausgeraubt.
c) Hunefers Haare waren von seiner Mutter geschnitten. Zustandspassiv
Hunefers Haare wurden von seiner Mutter geschnitten.
d) Die Armee des Pharao wird von den Assyrern geschlagen werden. Vorgangspassiv
Die Armee des Pharao wird von den Assyrern geschlagen sein.

Seite 59 **TEST**

KAIRO. Einen Schaden von etwa einer halben Million Euro hat gestern ein Brand im Ägyptischen Nationalmuseum in Kairo verursacht. Nach Polizeiangaben ist niemand verletzt. Allerdings klagten rund 20 Besucher über vorübergehenden Hustenreiz und Übelkeit. Zwei unter Asthma leidende Kinder wurden ärztlich beobachtet. Als Brandursache wird nach bisherigen Erkenntnissen ein technischer Defekt angenommen. Wegen verbrannter Kunststoffteile waren die Bürger zum Schließen ihrer Fenster und Türen aufgefordert worden. Bei mehreren Messungen im Stadtgebiet konnten die Behörden keine erhöhten Luftschadstoffe mehr feststellen. Die Flammen wurden am Morgen von einem Mitarbeiter des Museums in einem Technikraum entdeckt. Die unersetzlichen Kunstwerke sind nicht beschädigt.

Nach Polizeiangaben ist niemand verletzt.
Die unersetzlichen Kunstwerke sind nicht beschädigt.

Auswertung zum Test Für jeden richtig unterstrichene Passivform erhältst du einen Punkt. Für die beiden Sätze im Zustandspassiv erhältst du ebenfalls je einen Punkt.

Von insgesamt 8 Punkten hast du .... Punkte erreicht.

Super!	In Ordnung!	Bitte noch einmal üben!
8 bis 7 Punkte	6 bis 5 Punkte	Weniger als 5 Punkte

Modus (Aussageweise) – Überblick, Indikativ und Imperativ

1 a) Bring(e) den Kamelmist weg, Hunefer! Seite 61
b) Nephtis und Nefertari, holt Wasser vom Brunnen!
c) Hört auf, die Datteln zu fressen! oder: Kamele, hört auf ...
Auch im Folgenden können die Ansprachen ergänzt sein oder nicht.
d) Bau(e) das Grabmal größer!
e) Füllt Eselsmilch in die Wanne Kleopatras!
f) Bietet den Göttern vor dem Kriegszug Opfergaben dar!
g) Verkauf(e) die Dattelernte auf dem Markt!

2 a) Öffnen Sie bitte den Koffer. Seite 62
b) Bringen Sie mich bitte zu meinem Hotel.
c) Zeigen Sie mir bitte Ihre Eintrittskarte.

3 „Richtige" Imperative: *kursiv*
Andere Formen: unterstrichen
Um nach dem Tod im Jenseits weiterleben zu können, mumifizierten die Ägypter ihre Toten. Hier die wichtigsten Regeln dafür:
Zunächst müsst ihr das Gehirn herausholen. *Verquirlt* es dazu mit einem durch das Nasenloch eingeführten Haken. *Füllt* den leeren Kopf jetzt mit Leinen. Man sollte nun die Organe aus dem Körper entfernen. *Setzt* dazu einen Schnitt links unten zwischen Hüfte und Leiste. Das Herz dürft ihr aber nicht entnehmen. *Legt* den Körper 40 Tage lang in Natron, um ihm das Wasser zu entziehen. Wenn die Trocknung abgeschlossen ist, soll der Körper mit harzgetränktem Leinen, Sägemehl oder Natronkristallen ausgestopft werden. *Massiert* die Haut nun mit Ölen *ein*. Als letzten Schritt müsst ihr die Mumie in feste Bandagen einwickeln. Zu guter Letzt *setzt* dem Verstorbenen die Totenmaske *auf*.

4 Holt zunächst das Gehirn heraus! Entfernt nun die Organe aus dem Körper! Entnehmt das Herz aber nicht! Wenn die Trocknung abgeschlossen ist, stopft den Körper mit harzgetränktem Leinen, Sägemehl oder Natronkristallen aus! Wickelt als letzten Schritt die Mumie in feste Bandagen ein!

TEST Seite 63

Oh ihr Götter, Herren der Wahrheit, erhört mein Gesuch. Hört auf die Bitten dessen, der euch anruft, und kommt zu dem, der nach euch ruft. Anubis, du Totengott, beschütze meine Vorfahren und lasse mir noch lange die Freude am Leben. Ka, mein Doppelgänger und Schutzgeist, schenke mir ein gutes Schicksal und erhalte mir die Lebenskraft. Horus, du Falkengott, sorge für Recht und Ordnung, damit Maat, die Göttin der Gerechtigkeit, ihr Werk verrichten kann. Re, du Herr des Himmels und der Welt, dessen Auge die Sonnenscheibe ist, lenke die Geschicke der Welt zu unser aller Wohl. Seid meiner Hochachtung gewiss und erfreut mein Herz durch eure Weisheit.

Auswertung zum Test Für jedes richtig eingesetzte Verb erhältst du einen Punkt.

Von insgesamt 11 Punkten hast du .... Punkte erreicht.

Super!	In Ordnung!	Bitte noch einmal üben!
11 bis 9 Punkte	8 bis 6 Punkte	Weniger als 6 Punkte

Der Konjunktiv I – Gebrauch und Bildung

Seite 64 1 gleich sind : 1. Person Singular, 1. Person Plural, 3. Person Plural
unterschiedlich sind: 2. Person Singular, 3. Person Singular, 2. Person Plural

Seite 65 2

Hunefer lobt, dass	ich	so freundlich und zuvorkommend	sei.
	du		seiest.
	er		sei.
	wir		seien.
	ihr		seiet.
	sie		seien.

3 a) Er klagt, er fühle sich krank.
b) Sie entgegnet, das interessiere sie nicht.
c) Sie wirft ihm vor, er lüge sie an.

TEST

Man fülle Mehl mit etwas Salz in eine Schüssel. Man gebe Hefe in lauwarmes Wasser und rühre um, bis sich die Hefe auflöst. Dieses Wasser gieße man jetzt in eine Mulde im Mehl. Dann knete man den Teig geschmeidig. Man lasse den Teig jetzt etwa eine halbe Stunde an einem warmen Ort gehen. Den Hefeteig forme man nun zu einem flachen Fladenbrot. Man ritze die Oberfläche vom Fladenbrot mit einem Messer rautenförmig ein und besprenge es mit ein wenig Salzwasser. Jetzt backe man das Brot 25 Minuten bei 200 Grad im Ofen.

Auswertung zum Test Für jeden richtig umgeformten Satz erhältst du einen Punkt.

Von insgesamt 7 Punkten hast du .... Punkte erreicht.

Super!	In Ordnung!	Bitte noch einmal üben!
7 bis 6 Punkte	5 bis 4 Punkte	Weniger als 4 Punkte

Der Konjunktiv I – weitere Zeitstufen

Seite 68 1 Konjunktiv: Unterstreichung, Indikativ: ohne Markierung, beides möglich: grün

du werdest laufen

ich habe geliebt   du bist gelaufen   ihr habet geliebt

ich laufe   sie liebt   du seiest gelaufen   wir werden lieben

ihr habt geliebt   du wirst laufen   sie werden gelaufen sein

sie liebe   ihr werdet geliebt haben   wir seien gelaufen

du liebest

2 a) Er schimpft mit euch, ihr habet ihn auf die Palme gebracht.
b) Sie entgegnet, das habe sie nicht gejuckt.
c) Er behauptet, er sei gegangen.
d) Sie motzt mit dir, du habest sie angelogen.
e) Er sagt, das habe nicht gestimmt.

f) Sie meint, er habe sie nicht verstanden.
g) Er kritisiert euch, ihr seiet geflohen.

3 Die Personalpronomen müssen angepasst werden (z. B. mich → ihn).

4 a) Er schimpft mit euch, ihr werdet ihn auf die Palme bringen.
b) Sie entgegnet, das werde sie nicht jucken.
c) Er behauptet, er werde gehen.
d) Sie motzt mit dir, du werdest sie anlügen.
e) Er sagt, das werde nicht stimmen.
f) Sie meint, er werde sie nicht verstehen.
g) Er kritisiert euch, ihr werdet fliehen.

5 a) Er schimpft mit euch, ihr werdet ihn auf die Palme gebracht haben. **Seite 69**
b) Sie entgegnet, das werde sie nicht gejuckt haben.
c) Er behauptet, er werde gegangen sein.
d) Sie motzt mit dir, du werdest sie angelogen haben.
e) Er sagt, das werde nicht gestimmt haben.
f) Sie meint, er werde sie nicht verstanden haben.
g) Er kritisiert euch, ihr werdet geflohen sein.

TEST

Das Leben Tutanchamuns war weniger angenehm als viele vermuten. Laut Aussage der Ärzte, die seine Mumie untersuchten, habe der Gottkönig unter vielen Krankheiten gelitten. Man werde durch verbesserte Tests in der Zukunft noch mehr darüber erfahren. Zwei Tatsachen seien aber jetzt schon sicher, so die Wissenschaftler: Besonders schmerzhaft habe dem bei seinem Tod erst 19 Jahre alten Teenager-Pharao eine Knochenkrankheit am linken Fuß zugesetzt. Der Pharao habe wohl nur mithilfe eines Stocks gehen können. Dies erkläre auch die Tatsache, dass Howard Carter in der Grabkammer bei deren Entdeckung 1922 130 Stöcke gefunden habe. Die Mediziner sind sich einig, dass dem jungen Pharao zudem die Tropenkrankheit Malaria zu schaffen gemacht habe. Woran er letztendlich starb, bleibt jedoch Mutmaßung. Die Wissenschaftler sind aber guten Mutes, dass man dies bis zum Jubiläum der Entdeckung 2022 herausbekommen haben werde.

a) 3. Pers. Sg. Präsens
b) 3. Pers. Sg. Perfekt
c) 3. Pers. Sg. Perfekt
d) 3. Pers. Sg. Futur II

Auswertung zum Test Für jeden richtig erkannten Konjunktiv erhältst du einen Punkt. Für jede richtige Analyse erhältst du einen weiteren Punkt.

Von insgesamt 13 Punkten hast du .... Punkte erreicht.

Super!	In Ordnung!	Bitte noch einmal üben!
13 bis 11 Punkte	10 bis 7 Punkte	Weniger als 7 Punkte

Der Konjunktiv II – Gebrauch und Bildung

Seite 72 1

Infinitiv	Präteritum (3. Person Plural)	Verbform des Konjunktiv II	Konjunktiv II mit Hilfsverb „würden"
wissen	wussten	wüssten	würden wissen
lesen	lasen	läsen	würden lesen
schlagen	schlugen	schlügen	würden schlagen
ziehen	zogen	zögen	würden ziehen
können	konnten	könnten	würden können
helfen	halfen	hülfen/hälfen	würden helfen
dürfen	durften	dürften	würden dürfen
kommen	kamen	kämen	würden kommen
gewinnen	gewannen	gewännen	würden gewinnen

2 a) Besäßen Sie die Güte, meinen Liegestuhl zu räumen?
b) Wären Sie so freundlich, Ihr Badetuch mitzunehmen?
c) Könnten Sie mir beim Eincremen behilflich sein?
d) Würden Sie bitte den Ausblick freimachen?
e) Hätten Sie noch zwei andere Liegestühle für uns frei?

Seite 73 3 Die Prüfung ist so schwierig. – Wenn sie doch einfacher wäre!
Er reitet so langsam. – Wenn er doch schneller ritte!
Sie laufen so schnell. – Wenn sie doch langsamer laufen würden!
Hunefer hat keinen Freund. – Wenn er doch einen Freund hätte!

TEST

Hunefer: Wenn ich mehr Nahrung hätte, gäbe ich den Armen bestimmt etwas davon ab. Wenn ich reich wäre, hätte ich das schnellste Kamel weit und breit. Wenn ich noch mehr Geld besäße, zöge ich als Karawanenführer von einem Land zum anderen. Und vielleicht fiele mir auch noch etwas Besseres ein.
Seine Mutter: Falls du Zeit haben solltest, könntest du den Innenhof kehren.
Hunefer: Das geht leider nicht, ich täte es gerne, wenn ich jetzt nicht dringend zu meinem Freund gehen müsste. Sonst kämen wir nämlich nicht mehr rechtzeitig zum Nachwuchsrennen.

Auswertung zum Test Du erhältst du für jedes richtig eingesetzte Verb einen Punkt.

Von insgesamt 7 Punkten hast du .... Punkte erreicht.

Super!	In Ordnung!	Bitte noch einmal üben!
7 bis 6 Punkte	5 bis 4 Punkte	Weniger als 4 Punkte

Konjunktiv und indirekte Rede

Seite 75 1 Er sagt: „Ich springe!" – Er sagt, er springe. – Er sagt, er spränge. – Er sagt, er würde springen.
Sie rufen: „Wir geben!" – Sie rufen, sie geben. – Sie rufen, sie gäben. – Sie rufen, sie würden geben.

Du meinst: „Ich gehe!" – Du meinst, du gehest. – Du meinst, du gingest. – Du meinst, du würdest gehen.

2 a) Der Baumeister sagt, dass die Arbeiter die Pyramide bauen.
b) Der Großwesir erklärt, dass sein Stellvertreter in dessen Abwesenheit auf die Schatzkammer aufpasse/aufpasst.
c) Hunefer erzählt, dass sein Vater mit ihm ins Niltal reitet/reite.

3 a) Der Hohepriester behauptet, die Götter seien zornig.
b) Der Karawanenführer berichtet, irgendjemand habe das Brunnenwasser vergiftet.
c) Der Oasenbauer erzählt, manchmal falle ein Tier in den Brunnen und ertrinke.
d) Sein Sohn denkt, er dürfe das Wasser nicht mehr verwenden.

TEST Seite 77

Hunefers Vater meint, dass er sich niemals am Pyramidenbau beteilige/beteiligen werde. Das Problem sei, dass dann niemand mehr die Arbeit in der Oase mache. Er behauptet, die Dattelfrüchte würden dann an den Bäumen vertrocknen. Es könne doch auch nicht gerecht sein, dass Tausende von Menschen am Grab eines einzelnen Menschen schuften müssen, meint Hunefers Mutter. Außerdem klage Hunefers Vater bereits jetzt dauernd über Kreuzschmerzen.

Auswertung zum Test Für jede richtige Korrektur erhältst du einen Punkt.

Von insgesamt 6 Punkten hast du .... Punkte erreicht.

Super!	In Ordnung!	Bitte noch einmal üben!
6 bis 5 Punkte	4 Punkte	Weniger als 4 Punkte

1.6 Pronomen und andere Wortarten

Übersicht zu den Pronomen

1 a) Beten die Priester am frühen Morgen? – Ja, sie beten am frühen Morgen. Seite 80
b) Trinkst du gerne Wein? – Nein, ich trinke ihn nicht gerne.
c) Schneidet ihr die Zwiebeln? – Nein, wir schneiden sie nicht.
d) Spannt er seinen Bogen nach? – Ja, er spannt ihn nach.
e) Schenkt sie ihrem Mann etwas? – Nein, sie schenkt ihm nichts.
f) Siehst du den Falken? – Nein, ich sehe ihn nicht.

2 a) Julius Cäsar war ein Römer. Er lebte von 100 bis 44 v. Chr.
b) Es gibt viele Statuen mit seinem Bildnis. Sie sind oft aus Marmor gehauen.
c) Anna und Jannis sind nach Rom gefahren. Haben sie solche Statuen gesehen?
d) Die beiden entdeckten Cäsars Kopf häufig in Rom. Anna und Jannis fotografierten ihn.

3 a) Du seid aus Italien. Ihr
b) Ihr sind aus Germanien. Wir/Sie
c) Sie wohnst an der Via Appia. Du

4 Die folgenden Personalpronomen sollten unterstrichen werden: uns, sie, ihm, sie, ihn, er, wir, es.

Seite 81 **5** *Beispiellösung*

Die Überlieferung lehrt den Menschen folgende Geschichte:
Die Kelten waren 387 v. Chr. nach Rom eingedrungen. Nachts versuchten die Kelten, auch den Hügel des Kapitols zu erobern. Auf dem Hügel wurden zur Ehre der Göttin Juno heilige Gänse gehalten. Die Gänse schlugen Alarm, als der Anführer der Kelten mit ein paar seiner Männer die Anhöhe hinaufklettern wollte. Der römische Befehlshaber konnte den Anführer von der Mauer stoßen, sodass der Anführer die anderen mitriss. Das Federvieh hatte Rom also zunächst gerettet. Doch die Menschen wissen, dass die Tat vergebene Mühe war, weil die Kelten nur gegen eine Goldzahlung aus der Stadt abzogen.

TEST

Gaius Julius Cäsar ist eine bekannte Persönlichkeit des römischen Reiches. Er (3. Pers. Sg., Nom.) entstammte einer angesehenen patrizischen Familie, allerdings war sie (3. Pers. Sg., Nom.) verarmt. Für ihn (3. Pers. Sg., Akk.) war eine Ämterlaufbahn vorge sehen. Später wurde er (3. Pers. Sg., Nom.) Staatsmann und Feldherr. Mit ihm (3. Pers. Sg., Dat.) eroberten die Soldaten Gallien. Berühmt ist sein Zitat: „Ich (1. Pers. Sg., Nom.) kam, sah und siegte!" Die letzte große Pharaonin Kleopatra faszinierte Julius Cäsar sehr. Er (3. Pers. Sg., Nom.) lernte sie (3. Pers. Sg., Akk.) 48 vor Christus in Ägypten kennen. Bald darauf wurden die beiden ein Liebespaar. Sie (3. Pers. Pl., Nom.) bekamen einen gemeinsamen Sohn. Kannst du (2. Pers. Sg., Nom.) dir (2. Pers. Sg., Dat.) vorstellen, wie der gemeinsame Sohn von Cäsar und Kleopatra hieß? Wenn nicht, schau doch einfach im Internet oder Lexikon nach.

Auswertung zum Test Für jede richtige Unterstreichung und für jede richtige Bestimmung erhältst du je einen Punkt.

Von insgesamt 22 Punkten hast du .... Punkte erreicht.

Super!	In Ordnung!	Bitte noch einmal üben!
22 bis 18 Punkte	17 bis 12 Punkte	Weniger als 12 Punkte

Possessiv- und Relativpronomen

Seite 83 **1** Anzukreuzen waren: sein Freundin, ihre Kleid, euer Pferde, meine Arzt

2 a) mein – unser – dein – sein
Das einzige Possessivpronomen im Plural
b) uns – euch – mein – es
Das einzige Personalpronomen
c) ich – unser – wir – sie
Das einzige Possessivpronomen

3 a) Du gehörst jetzt zu Julius Cäsar. Du bist sein Diener.
b) Dieser Hund gehört seiner Tochter. Es ist ihr Hund.
c) Dort siehst du die Wachstäfelchen der Kinder. Es sind ihre Schreibtafeln.
d) Die Villa gehört der Familie Julius Cäsars. Es ist ihre Villa.

Seite 84 **4** Die Liebesbeziehung zwischen Kleopatra und Cäsar hatte einige Jahre Bestand.
Sie wurde seine Beraterin und später die Mutter seines Sohnes. Sie nannten ihr Kind Cäsarion. Kleopatra und Julius Cäsar standen einst im großen Palastsaal und sie sagte

zu ihm: „Du kannst mir keine Befehle erteilen. Ich fühle mich zu dir hingezogen und ich bin deine Geliebte, aber du bist nicht mein Ehemann, dem ich untertan bin." Nach Cäsars Ermordung ernannte Kleopatra ihren Sohn zum Mitregenten.

5 Julius Cäsar hatte einen Freund,
a) der sehr klug war.
b) den er schon lange kannte.
Dieser Freund war für eine Eselin verantwortlich,
c) deren Fell sehr struppig war.
d) der die Arbeit auf dem Feld schwer fiel.

6 a) Die drei Arbeiter, die im Garten arbeiten, sind ebenfalls Sklaven. (Nominativ) **Seite 85**
b) Augustus, dem diese Villa gehört, ist ihr Herr. (Dativ)
c) Der Apfel, den sie heute Augustus gebracht haben, war sehr süß. (Akkusativ)

7 a) Wie gefällt dir der neue Sklave, den ich gestern gekauft habe?
b) Der Senat, dem Cäsar angehört, entscheidet über die Entwicklung Roms.
c) Der römische Senat, dessen Mitglieder Senatoren hießen, war bis zum Ende der Republik die wichtigste Institution des römischen Staates.

8 Leuchtrakete – Nordasien – auseinander – Heuernte – richtig – Leihmutter – Hundeinsel – Direktor – unseriös – unwirsch – Sieger – Finanzwirtschaft – Diebesgut – vergessen – Pferderennen – Dichter – Meineid **Seite 86**

9 Relativpronomen: das, die, der
Possessivpronomen: sein, euer, dein, unser, eurem, mein

TEST **Seite 87**

Personalpronomen: **fett**
Possessivpronomen: *kursiv*
Relativpronomen: türkis

Der Unterricht im antiken Rom, den die meisten Mädchen und Jungen ab dem 7. Lebensjahr besuchten, begann bei Tagesanbruch. Zum Erlernen des Alphabets zeigte *ihr* Lehrer Buchstaben, die **er** aus Holz formte. Manchmal ließ **er** Buchstaben, deren Form schwierig war, auch als Gebäckstücke backen. *Seine* Schüler mussten viel schreiben, und so schimpfte mancher über *seine* Aufgaben. Die Kinder schrieben auf Täfelchen, die mit Wachs beschichtet waren. Mit der spitzen Seite *ihres* Griffels, der aus Metall oder aus Knochen angefertigt war, ritzten **sie** die Buchstaben ein. Wollten **sie** einen Fehler löschen, nahmen **sie** das Griffelende, welches einen breiteren Rand hatte, und glätteten damit das Wachs.

Auswertung zum Test Für jede richtige Markierung erhältst du einen Punkt.

Von insgesamt 15 Punkten hast du .... Punkte erreicht.

Super!	In Ordnung!	Bitte noch einmal üben!
15 bis 13 Punkte	12 bis 8 Punkte	Weniger als 8 Punkte

Reflexiv- und Demonstrativpronomen

Seite 89

1

Personalpronomen	Possessivpronomen	Reflexivpronomen (im Dativ)	Reflexivpronomen (im Akkusativ)
ich	mein	mir	mich
du	dein	dir	dich
er	sein	sich	sich
sie (Sg.)	ihr	sich	sich
wir	unser	uns	uns
ihr	euer	euch	euch
sie (Pl.)	ihr	sich	sich

2
a) Wir bauen uns ein neues Haus.
b) Das Kind bedankt sich für die Geschenke.
c) Was wünschst du dir zum Essen?

3
a) Du ziehst dich für die Reise an.
b) Ihr freut euch über den Sieg.
c) Die Senatoren unterhalten sich auf dem Forum Romanum.

Seite 90

4
a) Wir kämmen uns.
b) Sie ärgern sich über das schlechte Essen.
c) Ihr kauft euch einen Tonkrug.
d) Erinnern sich die Kinder daran?

5
a) mein – euer – jener – dein
b) du – es – ihr – ich
c) uns – mich – mein – dich

6
a) Das Forum Romanum kann man sich als großen Marktplatz vorstellen. Dieser Platz lag im Zentrum Roms.
b) „Panem et circenses" – Brot und Spiele für das Volk. Solche Vergnügungen gab es nur im antiken Rom.

7
a) bestimmter Artikel,
b) Relativpronomen,
c) Demonstrativpronomen,
d) Demonstrativpronomen,
e) bestimmter Artikel,
f) Relativpronomen

Seite 91

TEST

Diese (Demonstrativp.) Hochzeitszeremonie der römischen Paare, deren (Relativp.) Eltern oftmals schon im frühen Kindesalter die Ehe arrangiert hatten, fand im Haus der Braut statt. Ihre (Possessivp.) Eltern hatten auch das Festmahl auszurichten, das (Relativp.) bis tief in die Nacht dauerte. Anschließend mussten sich (Reflexivp.) die Brautleute den symbolischen Brautraub gefallen lassen. Sie (Personalp.) wurde, wie rituell vorgeschrieben, von ihm (Personalp.) in ihr (Possessivp.) zukünftiges Heim überführt, wobei sie (Personalp.) symbolisch aus den Armen ihrer (Possessivp.) Mutter gerissen wurde. Diese (Demonstrativp.) sollte sich (Reflexivp.) keine Sorgen machen. Deshalb wurde die Braut von denjenigen (Demonstrativp.) begleitet, die (Relativp.) solche Rituale liebten. Diese (Demonstrativp.) Hochzeitsgäste, die (Relativp.) Hochrufe wie „Es (Personalp.) lebe das Brautpaar" und zünftige Lieder auf jenes (Demonstrativp.)

junge Paar zum Besten gaben, brachten die junge Gattin zum Haus ihres (Possessivp.) Mannes. Hier bestrich sie (Personalp.) dessen (Demonstrativp.) Türpfosten mit Fett und war fortan Herrin des Haushaltes.

Auswertung zum Test Für jedes richtig markierte Pronomen erhältst du einen Punkt, für jede richtige Bestim mung einen weiteren.

Von insgesamt 42 Punkten hast du .... Punkte erreicht.

Super!	In Ordnung!	Bitte noch einmal üben!
42 bis 34 Punkte	33 bis 22 Punkte	Weniger als 22 Punkte

Interrogativ- und Indefinitpronomen

1 a) womit – weshalb – wie – wer Seite 93
b) weshalb – was – warum – weswegen
c) wo – womit – welcher – warum
d) wessen – wie – wann – wodurch

2 a) Wer war der höchste römische Gott? (Jupiter)
b) Was war das Forum Romanum? (ein politisches Zentrum)
c) Welcher Römer ist der Namensgeber für den späteren Herrschaftstitel „Kaiser"? (Cäsar)
d) Wer wurde der Sage nach von seinem Bruder getötet? (Remus)
e) Was meint die Redewendung „panem et circenses"? (Brot und Spiele)
f) Wer steckte der Legende nach Rom in Brand? (Nero)
g) Wer lebte nicht im antiken Rom? (Casanova)
h) Was wurde im Circus Maximus veranstaltet? (Wagenrennen)

3 a) Wem gehört diese Villa?
b) Weshalb hast du nicht gewartet?
c) Wann beginnen die Wagenrennen?
d) Welche Fische leben im Mittelmeer?
e) Was für ein Theaterstück wird heute gespielt?
f) Womit kann ich dir helfen?
g) Wessen Kind hat den Tonkrug zerbrochen?

4 a) er – einige – euch – mir – zwanzig Seite 94
b) viele – mich – wer – deren – die
c) wem – heute – dieser – sich – man

5 a) Jeden Morgen schaut sich Titus um. Indefinitpronomen
b) Er lobt seinen Sklaven. Possessivpronomen
c) „Das freut mich sehr." Personalpronomen
d) Dieser Stoff gefällt Titus gut. Demonstrativpronomen
e) Welches Muster ist am schönsten? Interrogativpronomen
f) Hier ist die Tunika, die ich gestern gekauft habe. Relativpronomen

6 a) Wer hat das Loch denn ausgehoben? Interrogativpronomen
b) Wer da rauskommt, muss Flügel haben. Indefinitpronomen
c) Wer ist denn hineingestürzt? Interrogativpronomen
d) Wer anderen eine Grube gräbt, fällt selbst hinein. Indefinitpronomen

7 a) „Was ist denn das für eine Brücke?“ Interrogativpronomen
b) „Man nennt sie Aquädukt. Sie transportiert Wasser zu uns in die Stadt, was für uns überlebenswichtig ist. Relativpronomen
c) Die Leitung muss ein leichtes Gefälle aufweisen, was einen enormen Planungsaufwand bedeutet.“ Relativpronomen
d) Was für eine tolle Erfindung! Interrogativpronomen

Seite 95

8 a) rückbezügliches Fürwort = Reflexivpronomen
b) persönliches Fürwort = Personalpronomen
c) fragendes Fürwort = Interrogativpronomen
d) besitzanzeigendes Fürwort = Possessivpronomen
e) unbestimmtes Fürwort = Indefinitpronomen
f) hinweisendes Fürwort = Demonstrativpronomen
g) bezügliches Fürwort = Relativpronomen

TEST

Niemand wollte den großen Stoffmarkt verpassen. Alle hatten sich schon lange darauf gefreut, und man sprach seit Tagen von nichts anderem. Was werden die Stoffe kosten? Welcher Händler wird den höchsten Preis erzielen? Wann beginnt die Veranstaltung endlich? Wo werden die kostbarsten Stoffe angepriesen? Manche Käufer waren von weit angereist, und sämtliche Unterkünfte Roms waren ausgebucht. Jeder wollte mit einer neuen Tunika heimkehren. War der Stoff in einem weit entfernten Land gewebt worden oder kam er aus der Nähe von Rom? Einige kauften sogar mehrere Stoffballen, sodass die Händler mit vielen Silberstücken heimkehrten. Manche Stoffe waren für die Gewänder der reichen Patrizier bestimmt. Aus anderen, die nicht so kostspielig sein durften, wurde die Alltagskleidung für die Angehörigen eines ganzen Hausstandes gefertigt.

Auswertung zum Test Für jede richtige Unterstreichung erhältst du einen Punkt.

Von insgesamt 11 Punkten hast du .... Punkte erreicht.

Super!	In Ordnung!	Bitte noch einmal üben!
11 bis 9 Punkte	8 bis 6 Punkte	Weniger als 6 Punkte

Numeralia – Kardinal- und Ordinalzahlen

Seite 96

1 Paar, meistens, wenige, hoch, Siegerin, fünfzig, völlig, viereinhalb, manche, jemals, zweitausend, groß, Viertel, zweimal, kräftig, täglich, müde, Milliarde, vermögend

2 a) Rom ist auf sieben Hügeln gebaut. Kardinalzahl
b) Kaiser Augustus war erste römische Kaiser. Ordinalzahl
c) Zwischen Karthago und dem Römischen Reich gab es drei große Punische Kriege. Kardinalzahl

Seite 97

3 bestimmte Numeralia: die Hälfte – drei Viertel – fünf – ein Dutzend – zweitausend – drei Millionen
unbestimmte Numeralia: vereinzelte – ein Bruchteil – wenige – viele – die meisten – alle
(ob „vereinzelte“ oder „ein Bruchteil“ größer ist, ist nicht eindeutig zu klären)

TEST

Kardinalzahl: türkis unterstrichen
Ordnungszahl: türkis markiert
Unbestimmtes Numerale: schwarz unterstrichen

Pompeji ist eine der vielen Touristenattraktionen Italiens, liegt auf dem vierzigsten Längengrad und ist ca. neun Kilometer von Neapel sowie ungefähr siebenhundert Meter vom Meer entfernt. Diese Stadt wurde in ihrer etwa siebenhundertjährigen Geschichte von zahlreichen Völkern, wie z. B. den Griechen, Etruskern und Römern, bewohnt. Pompeji liegt am Rande eines eintausenddreihundert Meter hohen Vulkans, der Vesuv genannt wird. Beim Ausbruch dieses Berges im Jahre 79 n. Chr. wurde die Stadt vollständig verschüttet und mehrere Jahrhunderte lang völlig vergessen. Im achtzehnten Jahrhundert entdeckten Archäologen bei Grabungen das antike Städtchen und damit begann die zweite Geschichte dieser Stadt, da sie jedes Jahr unzählige Urlauber besuchen.

Auswertung zum Test Für jede richtige Markierung erhältst du einen Punkt.

Von insgesamt 13 Punkten hast du .... Punkte erreicht.

Super!	In Ordnung!	Bitte noch einmal üben!
13 bis 11 Punkte	10 bis 7 Punkte	Weniger als 7 Punkte

Präpositionen (Verhältniswörter)

1 a) Er trägt ihn auf dem Kopf. b) Er hält es in der rechten Hand. Seite 98
c) Es ist in der linken Hand. d) Er trägt es vor dem Gesicht.
e) Er befindet sich am (= an dem) Unterschenkel.
f) Er ist am linken Arm.

2 denken an, achten auf, sich ärgern über, sich verlassen auf, sich wenden an, suchen nach Seite 99

3 *Beispiellösung (für die sinnvolle Ergänzung):*
reich an Rohstoffen; vergleichbar mit anderen Ländern; verantwortlich für die Gesundheitspolitik; stolz auf die große kulturelle Tradition; bereit für die Zukunft; neugierig auf das Kommende

4 Ich achte auf meine Ernährung.
Wir verlassen uns auf deine Hilfe.
Wendet euch an diesen Herrn dort.
Ich frage nach dem Weg.
Er ärgert sich über die verlorene Münze.
Sie lacht über seine Witze.
Sie kümmern sich um den Verletzten.
Es handelt sich um eine ernste Sache.

5 „Gladius" heißt im (Präp.) Lateinischen das Schwert. Deshalb (Adv.) wurden die Berufskämpfer, deren Ausbildung sehr (Adv.) viel Geld kostete und (Konj.) die bei (Präp.) öffentlichen (Adj.) Veranstaltungen für (Präp.) Aufsehen sorgten, Gladiatoren genannt. Der Kampf der Gladiatoren gegeneinander (Adv.) wird als Gladiatur bezeichnet, wobei (Adv.) der Kampf kein wildes Handgemenge darstellte, sondern (Konj.) ein höchst (Adv.) komplizierter, genauen Regeln unterworfener (Adj.) Kampfsport war. Bevor der Kampf begann, marschierten alle Teilnehmer in die Arena, um sich dem Publikum zu präsentieren. Nach (Präp.) der Präsentation kehrten sie in die Katakomben zurück, da in (Präp.) Seite 100 der Regel nur zwei Gladiatoren gleichzeitig (Adj.) miteinander (Adv.) kämpften. Der Zweikampf wurde beendet, indem (Konj.) einer der beiden Kontrahenten getötet wurde oder der Unterlegene aufgab und begnadigt wurde.

6 Gaius Julius Cäsar war zum Alleinherrscher Roms aufgestiegen und hatte sich damit nicht nur Freunde gemacht. Am 15. März des Jahres 44 v. Chr. versammelte sich der Senat Roms im Saal des Pompeiustheaters. Cäsar wollte nicht ins Theater gehen. Doch Cäsars Vertrauter Brutus führte ihn hinters Licht und überredete den Herrscher schließlich zur Teilnahme beim Treffen des Senats. Einige Senatoren zogen unerwartet ihre Dolche und stachen zu. Auch vom Messer seines Ziehsohns Brutus durchbohrt, starb der mächtigste Mann Roms. Ans Verbrechen erinnert noch heute Cäsars berühmt gewordener Satz: „Auch du, Brutus?"

Seite 101 **TEST**

Wegen (k) der großen Hitze wurden die Gladiatoren erst um (t) fünf Uhr am (t) Nachmittag in (l) die unterirdischen Katakomben des Kolosseums gebracht. Am (t) Anfang herrschte unter (l) den Kämpfern eine angespannte Stimmung. Jeder wusste, dass es um (m) sein Leben ging. Alle wurden mit (m) schweren Waffen ausgerüstet. Neben (m) dem Schwert waren auch die Axt und das Netz beliebte Waffen. Nachdem der Kampf begonnen hatte, ließen sich die Gladiatoren von (m) der begeisterten Menschenmenge mitreißen und kämpften trotz (k) ihrer Bedenken ohne (m) Rücksicht auf (m) Verluste. Aufgrund (k) der Aussicht, die Freiheit zu erlangen, kämpften die Gladiatoren besonders motiviert.

Auswertung zum Test Für jedes richtig eingesetzte Wort erhältst du einen Punkt. Für jede richtige Entscheidung zur Art der Präposition erhältst du einen weiteren Punkt.

Von insgesamt 26 Punkten hast du .... Punkte erreicht.

Super!	In Ordnung!	Bitte noch einmal üben!
26 bis 22 Punkte	21 bis 14 Punkte	Weniger als 14 Punkte

Präpositionen und nachfolgender Kasus (Fall)

Seite 103 1 Die meisten Römer hatten kein fließendes Wasser und gingen deshalb außer Haus (Akkusativ) zur Körperpflege (Dativ) ins öffentliche Bad (Akkusativ). In der Therme (Dativ) wuschen sie sich mit warmem Wasser (Dativ) und ließen sich abseits des Trubels (Genitiv) durch einen Masseur (Akkusativ) verwöhnen. Beim Toilettengang (Dativ) saßen sie in einer Reihe (Dativ), verrichteten ihr Geschäft und unterhielten sich beispielsweise über die letzten Fechterspiele (Akkusativ).

2 Die Herrin des Landhauses ärgert sich über den Sklaven, da er ihr nicht bei der Küchenarbeit helfen kann. Der neue Sklave hat Angst vor seiner Herrin, da diese zu großen Wutausbrüchen neigt.

TEST

In ihrer Freizeit wollten die Römer Spaß. Die Veranstaltungen mit blutigen Kämpfen und vielen Zuschauern liebten sie sehr. Auf großen Rennstrecken, dem sogenannten Circus Maximus, fanden die Wagenrennen statt. Ein Fahrer stand in/auf jedem Wagen und hielt die Zügel von vier eingespannten Pferden fest, die man auch Quadriga nannte.

Wegen der Anzahl der Pferde konnten die Gespanne binnen kurzer Zeit ein hohes Tempo vorlegen und parierten auch in den Kurven ohne Mühe.

Auswertung zum Test Wenn du alles richtig hast, bekommst du neun Punkte. Ziehe dir einen Punkt für jeden Fehler ab.

Von insgesamt 9 Punkten hast du .... Punkte erreicht.

Super!	In Ordnung!	Bitte noch einmal üben!
9 bis 8 Punkte	7 bis 5 Punkte	Weniger als 5 Punkte

Adverbien

1 a) oben – unten; b) nirgendwo – überall; c) immer – nie; d) abwärts – aufwärts; e) innen – außen; f) rückwärts – vorwärts; g) abends – morgens; h) oft – selten Seite 105

2

temporal	kausal	lokal	modal
(Zeit)	(Grund)	(Ort)	(Art und Weise)
Wann? Wie oft?	Warum?	Wo? Wohin?	Wie?
immer wieder	deswegen	draußen	völlig
sofort	somit	überall	ganz alleine
manchmal	dennoch		
bald			

3 ohne dass – indem – dass – sodass – deswegen – sondern – folglich – daher – dennoch – weil – trotzdem – dann – oft – obgleich – damit – während – so – obwohl – und – darum – denn – als Seite 106

4 wichtigsten – Adjektiv; möglich – Adjektiv; stets – Adverb; deswegen – Adverb; logisch – Adjektiv; regelmäßige – Adjektiv; vielen – Adjektiv; zahlreiche – Adjektiv; bereits – Adverb; heute – Adverb; dennoch – Adverb; einzigartigen – Adjektiv; sofort – Adverb

5 Oft wird gefragt, was einzelne Personen für den Klimaschutz tun können. Es gibt zahlreiche Möglichkeiten, das eigene Verhalten so zu ändern, dass dadurch die Umwelt weniger geschädigt wird. Man könnte Autofahrten vermeiden und dafür wieder vermehrt das Fahrrad nutzen. Außerdem könnten wir seltener fliegen und öfter mit dem Zug fahren. Eine wichtige Rolle spielt heute auch der Konsum. Wenn wir weniger Fleisch essen, können wir uns trotzdem gut und gesund ernähren. Plastikprodukte sollten vermieden werden. Dann hat der Planet Erde vielleicht doch noch eine Chance zu überleben.

6 a) Wodurch wird der Klimawandel beschleunigt? Seite 107
b) Wann fand die Klimakonferenz in Paris statt?
c) Womit muss die Katastrophe aufgehalten werden?
d) Wo begann die Bewegung „Fridays for Future"?
e) Warum ist Umweltschutz wichtig?
f) Woher kommt die Klimaaktivistin Greta Thunberg?

7 Zu unterstreichen waren: heute, oft, immer, stets, nie, gelegentlich, zuerst, sofort Seite 108

8 a) Die Klima-AG trifft sich nachmittags in der Schule. Wann trifft sich die Klima-AG?
b) Die Jungen und Mädchen sitzen vorn in der Aula. Wo sitzen die Jungen und Mädchen in der Aula?
c) Sie sprechen heute über das neue Umweltprojekt. Wann sprechen sie über das neue Umweltprojekt?
d) Sie möchten sehr gerne das Problem mit der Mülltrennung in der Schule lösen. Wie möchten sie das Problem lösen?
e) Deswegen beschließen sie, in jeder Klasse ein Poster aufzuhängen. Warum beschließen sie, in jeder Klasse ein Poster aufzuhängen?

9 *Beispiellösung*
Die Lehrerin schlägt vor, dass sie bald mit den Vorbereitungen beginnen. Zunächst müssen sie das Material für die Poster besorgen. Deshalb vereinbaren sie für den nächsten Tag ein neues Treffen in der Aula.

Seite 109 **TEST**

Eine große Gefahr für die Umwelt ist die ungeheure Menge an Plastikmüll, die heute produziert und überall auf der Welt verteilt wird. Dadurch werden die Ozeane so verschmutzt, dass immer mehr Meeresbewohner wie zum Beispiel Delfine, Wale und Meeresschildkröten deswegen ihr Leben verlieren. Korallenriffe werden genauso zerstört wie die Lebensgrundlagen zahlreicher Seevögel. Folglich bemühen sich gegenwärtig zahlreiche Projekte und Organisationen, dieser Gefahr entgegenzuwirken. Größtenteils handelt es sich um Maßnahmen durch offizielle Institutionen, aber auch private Initiativen beteiligen sich immer wieder gerne an Umweltschutzaktionen, indem sie zum Beispiel Plastikmüll an Stränden und öffentlichen Plätzen aufsammeln. Seit einiger Zeit gibt es alljährlich den „World Cleanup Day", an dem sich weltweit schon Millionen von Menschen beteiligt haben. Beim Einkaufen können wir alle versuchen, unnötigen Plastikmüll zu vermeiden, indem wir stets Taschen oder Stoffbeuel anstelle von Plastiktüten und -verpackungen verwenden.

lokal	temporal	modal	kausal
überall	heute	genauso	dadurch
weltweit	gegenwärtig	größtenteils	deswegen
	Immer wieder	gerne	folglich
	alljährlich		
	schon		
	stets		

Auswertung zum Test Für jedes richtig unterstrichene Adverb erhältst du einen Punkt. Auch für jede richtige Einsortierung in die Tabelle gibt es einen Punkt.

Von insgesamt 28 Punkten hast du .... Punkte erreicht.

Super!	In Ordnung!	Bitte noch einmal üben!
28 bis 23 Punkte	22 bis 15 Punkte	Weniger als 15 Punkte

Konjunktionen – Allgemein

Seite 111 **1** a) während (unterordnend) b) obwohl (unterordnend) c) denn (nebenordnend)
f) indem (unterordnend) e) aber (nebenordnend)

2 a) als/nachdem b) um c) bis

3 a) Erneuerbare Energien müssten gefördert werden, da/weil sie dazu beitragen könnten, den Klimawandel aufzuhalten.
b) Viele Menschen müssen die Gefahr erst erkennen, bevor sie ihr Verhalten ändern. Seite 112
c) Wir essen jetzt weniger Fleisch, weil das klimafreundlich und gesund ist.

4 Zur Energiewende können sowohl Windräder als auch Solaranlagen beitragen. Dafür müssen Wirtschaft und Politik entsprechende Entscheidungen treffen. Aber auch Privatpersonen sollten sich regelmäßig fragen, ob sie mit dem Auto fahren müssen oder doch lieber mit dem Fahrrad fahren wollen.

5 Jonas möchte mehr über seinen ökologischen Fußabdruck wissen, denn er möchte dazu beitragen, dass etwas gegen den Klimawandel und dessen Folgen getan wird. Obwohl er sich darum bemüht, seinen Beitrag zu leisten, indem er Plastik vermeidet oder weniger Fleisch isst, möchte er mehr tun, sodass die Umwelt geschützt wird. Er lässt sich zum Beispiel nicht mehr mit dem Auto zur Schule fahren, sondern nimmt das Fahrrad. Da er gerne wissen möchte, wie sein ökologischer Fußabdruck aussieht, nutzt er den CO2-Rechner des Umweltbundesamtes. Falls das Ergebnis nicht so gut ausfällt, wird er über weitere Verhaltensänderungen nachdenken, damit seine Bilanz sich verbessert. Aber auf jeden Fall ist es bereits lobenswert, dass er sich so sehr für seinen individuellen Beitrag zum Klimaschutz interessiert und einsetzt.

TEST Seite 113

Um Plastikmüll zu vermeiden, sollten wir beim Einkaufen mehr Stofftaschen verwenden.
Die Klimaziele von Paris wurden vereinbart, weil die Staaten den Planeten retten wollten.
Während die Nutzung erneuerbarer Energien bevorzugt ausgebaut werden muss, muss der Kohleausstieg schneller erfolgen.
Die Ozeane müssen geschützt werden, damit die Meeresbewohner überleben können.
Obwohl es bequemer ist, mit dem Auto zu fahren, sollten wir mehr mit dem Fahrrad fahren.
Die Erde kann gerettet werden, indem alle Menschen versuchen, etwas dafür zu tun.

Auswertung zum Test Für jede richtige Satzverknüpfung erhältst du einen Punkt. Deine Sätze können anders sein. Prüfe dich kritisch.

Von insgesamt 6 Punkten hast du .... Punkte erreicht.

Super!	In Ordnung!	Bitte noch einmal üben!
6 Punkte	5 Punkte	Weniger als 5 Punkte

Interjektionen (Ausdruckswörter) – Allgemeines

1 a) Autsch, das tut weh! b) Hä, wieso das denn? Seite 114
c) Bäh, schon wieder Rindfleisch! d) Ach, wenn du wüsstest!
e) Oje, das wird ein harter Winter!

2 *Beispiellösung*
Ekel: bäh, igitt, pfui, würg; Freude: hurra, yippie, juchhe, bravo; Schmerz: aua, autsch, ah, uh; Bedauern: oje, auweh, herrje, herrjemine

Seite 115 **3** Feuerwehr: tatütata; Niesgeräusch: hatschi; Türglocke: klingeling; Schnappschloss: klick; Besetztton: tütüt; Schere: schnippschnapp; Säge: ritzeratze

4 Sie werden bei Comics oder beim Schreiben von Dialogen verwendet.

TEST

(1) Präposition, (2) Ordinalzahl, (3) Verb (Partizip II), (4) Possessivpronomen, (5) Demonstrativpronomen, (6) unterordnende Konjunktion (kausal), (7) Präposition, (8) Interjektion, (9) Adjektiv, (10) Personalpronomen, (11) Nomen, (12) Interjektion, (13) unterordnende Konjunktion (konsekutiv), (14) Reflexivpronomen

Auswertung zum Test Für jede richtige Bestimmung erhältst du einen Punkt.

Von insgesamt 14 Punkten hast du .... Punkte erreicht.

Super!	In Ordnung!	Bitte noch einmal üben!
14 bis 12 Punkte	11 bis 8 Punkte	Weniger als 8 Punkte

Wortfelder

Seite 116 **1**
a) malochen – schuften – arbeiten – ~~verköstigen~~ – ackern
b) schlendern – ~~probieren~~ – marschieren – schlittern – stolzieren
c) schlemmen – ~~decken~~ – schlürfen – kosten – verschlingen
d) ~~anrufen~~ – schreiben – kritzeln – malen – skizzieren
e) starren – blicken – schauen – ~~kitzeln~~ – sehen

2 a) stammeln – stottern; b) meckern – schimpfen; c) klagen – jammern; d) petzen – verraten; e) angeben – prahlen (oder: bekanntgeben)

3 langweilig: öde, fad, unspektakulär, uninteressant, einschläfernd
interessant: fesselnd, packend, spannend
teuer: kostspielig, unerschwinglich, wertvoll, kostbar

Seite 117 **4**

Z	W	E	R	G	E	N	H	A	F	T	M	I
I	N	T	I	E	R	H	S	C	H	A	U	H
E	I	W	G	R	T	B	C	H	A	P	T	G
R	T	Z	W	I	B	C	H	O	E	R	I	K
L	P	D	Y	N	L	Z	M	I	P	Z	A	E
I	P	A	S	G	U	S	A	S	N	H	E	K
C	M	I	N	I	M	A	L	I	E	J	Ö	L
H	A	E	O	N	G	A	W	K	N	A	P	P

TEST

Eichhörnchen – klettern, Hase – hoppeln, Schmetterling – flattern, Ameise – krabbeln, Maus – trippeln, Adler – kreisen, Käfer – laufen, Schnecken – kriechen, Storch – schreiten, Pferd – galoppieren, Schlange – schlängeln, Qualle – schweben, Ente – watscheln,

Schwan – gleiten, Elefant – marschieren, Jaguar – schleichen, Zebra – traben, Fisch – schwimmen, Königsreiher – stolzieren, Grashüpfer – hüpfen

Auswertung zum Test Für jedes richtige Verb erhältst du einen Punkt.

Von insgesamt 20 Punkten hast du .... Punkte erreicht.

Super!	In Ordnung!	Bitte noch einmal üben!
20 bis 17 Punkte	16 bis 11 Punkte	Weniger als 11 Punkte

Wortfamilien

1. 1. ERLEBNIS; 2. HOCHLEBEN; 3. LANGLEBIG; 4. LEBENSBUND; 5. LEBENSWICHTIG; 6. DOPPELLEBEN; 7. LEBEMANN; 8. LEBENSENDE; 9. LEBENDIGKEIT; 10. VERLEBEN; 11. LEBLOS; 12. LEBENSLAUF Seite 118

2. *Beispiellösung* Seite 119
beschreiben, vorschreiben, ausschreiben, anschreiben, aufschreiben, umschreiben, mitschreiben, verschreiben, unterscheiben, abschreiben, nachschreiben, rechtschreiben, Rechtschreibung, Rechtschreibreform, Schreibbild, Schreibart, Schreibtisch, Schreibkraft, Schreibung, Schreibweise, die Schreibe, Schreibstoff, Schreiber, schreibfaul, Schreiberling, das Schreiben, Beschreibung, Umschreibung, schreibgewandt, schriftlich, Schriftlichkeit, beschriften, Schriftart, Schriftsatz, Schriftsprache, Mitschrift, Vorschrift, Anschrift, Aufschrift, Schriften, Schönschrift, Abschrift, Nachschrift, Unterschrift, geschrieben, vorgeschrieben, angeschrieben, unterschrieben, abgeschrieben, nachgeschrieben, beschrieben, mitgeschrieben, verschrieben, umgeschrieben ...

3. *Beispiellösung* Seite 120
Lehre, Lehrer, Lehrerin, Lehrbuch, Lehrstunde, Lehrplan, Lehrsatz, Lehramt, Lehrauftrag, Lehrberuf, Lehrstelle, Lehrbrief, Lehrfilm, Lehrgeld, Lehrjahr, Lehrzeit, Lehrkraft, Lehrjunge, Lehrling, Gelehrter, lehrreich, lehrwillig, gelehrig, lehrhaft, gelehrsam, lehren, belehren ...

4. Wortstamm geh/gang: Spaziergang, Ausgang, eingegangen, vorgehen, Vorgänger
Wortstamm sag: sagenhaft, Versager, angesagt, Aussage, Sage
Wortstamm kauf/käuf: Einkäufer, verkaufen, käuflich, Kaufhaus, Einkaufszettel
Wortstamm sprech/sprach: aussprechen, Geheimsprache, zweisprachig, Sprecherin, Aussprache
Unpassende Wörter: reden, Auswahl, Versehen, bezahlen, neidisch

5. *Beispiellösung*
reden: redegewandt, Rede, redselig, bereden, Redefluss ...
Auswahl: auswählen, wählerisch, Wahl, Wähler, Wahlurne, verwählen ...
Versehen: sehen, Fernseher, Sehweise, Aussehen ...
bezahlen: Zahl, zählen, Zahltag, Bezahlung ... neidisch: Neid, beneiden, Neidhammel ...

6.

Verkehr	freundschaftlich	zerkleinern
Kehrtwende	befreundet	kleinlich
Kaminkehrer	unfreundlich	klitzeklein
umgekehrt	Freundschaft	Kleinkind
Kehrmaschine	Duzfreund	kleinlaut

verkehrt	anfreunden	Hühnerklein
umkehren	Freundchen	Kleinigkeit
Kehraus	Busenfreundin	verkleinert
Kehrblech	Freundschaftsspiel	kleinkariert

Seite 121 **TEST**

Nomen	Verben	Adjektiv
die Aussage	aussagen	aussagekräftig
der Geschmack	schmecken	schmackhaft, geschmacklos
die Größe	vergrößern	groß
das Getränk, der Trunk	trinken	trinkbar
die Farbe	färben	farblos, farbig
die Feier	feiern	feierlich
die Verbindung	verbinden	(un)verbindlich
die Feuchtigkeit	befeuchten	feucht
die Erklärung	erklären	erklärbar, unerklärlich
die Hilfe	helfen	hilflos, behilflich
der Stich	stechen	bestechlich
der Trost	trösten	untröstlich, trostlos
die Entscheidung, der Schiedsrichter	entscheiden	unentschieden
die Fremde	fremdeln	fremd
das Wunder	verwundern, wundern	wunderbar, verwunderlich
die Dunkelheit	verdunkeln	dunkel
der Biss	beißen	verbissen
der Schlaf	schlafen	schlaflos
der Ärger, das Ärgernis	ärgern	arg

Auswertung zum Test Für jedes richtig eingesetzte Wort erhältst du einen Punkt.

Von insgesamt 38 Punkten hast du .... Punkte erreicht.

Super!	In Ordnung!	Bitte noch einmal üben!
38 bis 32 Punkte	31 bis 20 Punkte	Weniger als 20 Punkte

2. Satzglieder

2.1 Satzglieder erkennen

Umstellprobe

Seite 123

1 *Beispiellösung*
Der Spessart ist ein Mittelgebirge in den Bundesländern Hessen und Bayern.
Weitere Möglichkeiten werden in Aufgabe 2 verlangt.

2 Ein Mittelgebirge | ist | der Spessart | in den Bundesländern Hessen und Bayern.
In den Bundesländern Hessen und Bayern | ist | der Spessart | ein Mittelgebirge.

3
a) Drei Flüsse umgeben im Großen und Ganzen den Spessart.
b) Main, Kinzig und Sinn heißen sie.
c) Typische Kuppen besitzt das waldreiche Mittelgebirge.
d) In besiedelten Gebieten werden die Tiefen des Spessarts landwirtschaftlich genutzt.
e) Im Wesentlichen bedecken Eichen- und Buchenwälder die Höhen.
f) Zwischen 450 und knapp 600 m beträgt die Höhe der Gipfellagen mit der höchsten Erhebung namens Geiersberg.
g) Aus Buntsandstein besteht meistens der Untergrund im Spessart.

Seite 124

4
a) Es wurde dafür genutzt.
b) Es wurde dabei verschont.
c) Das liegt daran.
d) Daneben dient es dafür.
e) Es lockt sie an.

TEST

Seite 125

Der Spessart wurde vor vielen Jahren durch markierte Wanderwege für Touristen erschlossen. Der älteste und bekannteste Wanderweg ist der „Eselsweg“. Heimatforscher nennen solche Wege „Altstraßen“. Der Eselsweg führt über den Hauptkamm des Spessarts. Mittelalterliche Eselskarawanen gaben dieser Straße den Namen. Der Fernwanderweg ist mit einem schwarzen „E“ auf den Schildern markiert. In beschaulicher Einsamkeit kann der Spessart auf diese Art durchwandert werden. Ortsdurchquerungen werden vermieden.

Ersatz des jeweils ersten Satzglieds: Er wurde vor vielen Jahren durch markierte Wanderwege für Touristen erschlossen. Es ist der „Eselsweg“. Sie nennen solche Wege „Altstraßen“. Er führt über den Hauptkamm des Spessarts. Sie gaben dieser Straße den Namen. Er ist mit einem schwarzen „E“ auf den Schildern markiert. So kann der Spessart auf diese Art durchwandert werden. Sie werden vermieden.

Auffälligkeiten: Der Text kann durch den Anschluss mit Pronomen stilistisch besser werden, weil er Doppelungen vermeidet. Allerdings ist das nur sinnvoll und richtig, wenn sich die ersten Wörter auf den Satz davor beziehen. Sonst herrscht Verwirrung, weil nicht klar ist, was gemeint wird.

Auswertung zum Test Für jede richtige Unterstreichung eines Satzgliedes erhältst du einen Punkt. Einen weiteren Punkt bekommst du für jede richtige Ersetzung.

Von insgesamt 41 Punkten hast du .... Punkte erreicht.

Super!	In Ordnung!	Bitte noch einmal üben!
41 bis 34 Punkte	33 bis 21 Punkte	Weniger als 21 Punkte

2.2 Subjekt und Prädikat – die Basis eines Satzes

Prädikat

Seite 126 **1** In sehr vielen Kulturen finden Feierlichkeiten zur Begrüßung des Frühlings statt. Wegen des milderen Wetters sind diese besonders in den gemäßigten Klimaregionen verbreitet. Auch bei den Osterbräuchen finden sich Frühlingselemente. Diese symbolisieren die mit dem Wiedererwachen der Natur verbundene Fruchtbarkeit. Das bekannteste Bild dafür ist der Osterhase.

Seite 127 **2** *Beispiellösung*

a) Er ruft: „Juhu! Es ist endlich Frühling."
b) Sonnenschein bedeutet Glücklichsein.
c) Nach dunklen Tagen kann man wieder raus ans Licht.
d) Die Eisdielen sind geöffnet.
e) Die Fußgängerzonen füllen sich.

TEST

Im Februar wird als „fünfte Jahreszeit" in vielen Regionen Fasching gefeiert. Dieser Brauch nennt sich mancherorts auch Karneval oder Fastnacht. In der Zeit vor dem christlichen Fest Aschermittwoch wird mit großer Lebensfreude gefeiert. Das ist mit großer Ausgelassenheit und Fröhlichkeit verbunden. Übertreiben es da manche Menschen? Passt mal besser auf! Alle feiern gerne. Das ist auch jedem gegönnt. Nur muss selbst dieser Spaß auch einmal enden. Faschingsbräuche haben je nach Region spezielle Eigenarten. Das verbindet sich oft mit einer Kritik an den Mächtigen. Dennoch ist hier viel Liebe zur Heimat enthalten. Findest du das alles gut? Entscheide selbst!

Auswertung zum Test Für jeden Satz, in dem du alles richtig markiert hast, erhältst du einen Punkt. Von insgesamt 14 Punkten hast du .... Punkte erreicht.

Super!	In Ordnung!	Bitte noch einmal üben!
14 bis 12 Punkte	11 bis 8 Punkte	Weniger als 8 Punkte

Subjekt

Seite 128 **1** a) Die Knospen öffnen sich. b) Die Natur erwacht. c) Die Kinder freuen sich.

Seite 129 **2** a) Bei manchen Gelegenheiten taucht auch das Wort Frühjahr auf.
b) Dass der Frühling eine von vier Jahreszeiten ist, muss nicht erklärt werden.
c) Das ist jedem Kind bekannt.

TEST

Wohl mit der steigenden Helligkeit im Frühling verbessert sich das allgemeine Befinden der Menschen. Dies bewirkt oft eine bessere Laune. Auch ist der Wunsch nach trauter Zweisamkeit dann bei vielen Menschen größer. Dies liegt an der verstärkten Ausschüttung von Hormonen. Zumindest behaupten das manche Menschen. Einen wissenschaftlichen Beweis erbrachte dafür noch niemand. Möglicherweise entstehen diese Frühlingsgefühle eher wegen der leichteren Kleidung der Menschen. Manche Menschen fühlen dagegen eine Frühjahrsmüdigkeit. Ein Grund ist das Schlafhormon

Melatonin. Dieses beeinflusst uns noch sehr stark. Auch hierbei weiß niemand die genaue Ursache.

Auswertung zum Test Für jedes richtig eingesetze Verb und für jede richtige Unterstreichung erhältst du einen Punkt.

Von insgesamt 22 Punkten hast du .... Punkte erreicht.

Super!	In Ordnung!	Bitte noch einmal üben!
22 bis 19 Punkte	18 bis 12 Punkte	Weniger als 12 Punkte

2.3 Die Objekte

Akkusativobjekt

1 a) Den Sommer lieben alle Kinder. Seite 130
b) Manchmal findet man ihn allerdings zu heiß.
c) Dann machen sie aus, ins Schwimmbad zu gehen.
d) Sie vermissen dann nicht, dass sie keinen Sommerurlaub in Italien haben.
e) Der Sommer erfreut sie auch daheim.

2 *Beispiellösung* Seite 132
a) Im Sommer genießen wir den Urlaub.
Den Urlaub genießen wir im Sommer.
Wir genießen den Urlaub im Sommer.
b) Wenn das Eis schmeckt, loben wir den Eisdielenverkäufer.
Den Eisdielenverkäufer loben wir, wenn das Eis schmeckt.
Wir loben den Eisdielenverkäufer, wenn das Eis schmeckt.
c) Den größten Spaß haben die Kinder im Schwimmbad.
Die Kinder haben den größten Spaß im Schwimmbad.
Im Schwimmbad haben die Kinder den größten Spaß.
d) Ein milder Abend beendet den langen Tag.
Den langen Tag beendet ein milder Abend.

3 a) Es erfreut uns, dass wir abends grillen. Es erfreut uns, abends zu grillen.
b) Das warme Wetter ermöglicht es, dass lange aufgeblieben wird.
Das warme Wetter ermöglicht es, lange aufzubleiben.
c) Der leckere Duft bewirkt, dass wir einen Bärenhunger haben.
Der leckere Duft bewirkt, einen Bärenhunger zu haben.
d) Jedes Mal verabreden wir, dass wir uns erneut treffen.
Jedes Mal verabreden wir, uns erneut zu treffen.

TEST

a) Wen oder was fürchten gerade ältere Leute?
b) Wen oder was beginnt der Kreislauf zu machen?
c) Wen oder was lieben wir trotzdem?
d) Wen oder was ermöglicht er uns?
e) Wen oder was glauben wir?

Auswertung zum Test Für jeden richtigen Fragesatz erhältst du einen Punkt.

Von insgesamt 5 Punkten hast du .... Punkte erreicht.

Super!	In Ordnung!	Bitte noch einmal üben!
5 Punkte	4 Punkte	Weniger als 4 Punkte

Dativobjekt

Seite 132 **1** a) Das Kind schenkt seiner Mutter ein paar Eicheln.
b) Die Tannenzapfen gleichen lustigen kleinen Figuren.
c) Noch ähnelt der Wald einem lustigen Tierpark.

2 Das Wort Herbst und das englische Wort *harvest* sind verwandt. Sie entspringen derselben Sprachwurzel. Letzteres entspricht der Erntezeit. Auf der Nordhalbkugel werden dem Herbst ungefähr die Monate September, Oktober und November zugeordnet. Dem Volksmund wird folgendes Sprichwort zugeschrieben: „Wer im Frühling nicht sät, dem kann der Herbst keine Ernte bescheren."

Seite 133 **3** a) Seiner Mutter schenkt das Rehkitz ein fröhliches Lächeln.
b) Dem süßen Filmbambi ähnelt es.
c) Den Kindern könnte es gerne als Kuscheltier dienen.

TEST

a) Wem kann man nicht entkommen?
b) Wem gleicht der abendliche Tee?
c) Wem würden manche nichts vorziehen?
d) Wem fehlt das heiße Bad danach nie?
e) Wem gilt mehr Aufmerksamkeit, als man so denkt?
f) Wem wohnt ihr eigener Charme inne?
g) Wem sieht es ähnlich, nur auf den Sommer zu achten?

Auswertung zum Test Für jeden richtigen Fragesatz erhältst du einen Punkt.

Von insgesamt 7 Punkten hast du .... Punkte erreicht.

Super!	In Ordnung!	Bitte noch einmal üben!
7 Punkte	6 bis 4 Punkte	Weniger als 4 Punkte

Präpositionalobjekt

Seite 134 **1** a) Die Kinder stehen den ganzen Tag auf Skiern.
b) Neben diesem Sport kommt auch das Rodeln nicht zu kurz.
c) Auf den Tannenwipfeln sieht man Lichter glitzern.
d) Unter den Kindern herrscht große Freude.
e) Sie fürchten sich nicht vor kalten Fingern.
f) Die viele Bewegung sorgt für innere Wärme.

Seite 135 **2** a) Die Eltern erfreuten sich ihrer Kinder.
Die Eltern erfreuten sich an ihren Kindern.
b) Die Kinder rühmen sich ihrer Schlittenfahrkünste.
Die Kinder rühmen sich mit ihren Schlittenfahrkünsten.
c) Manche Eltern schämen sich ihrer Ängstlichkeit.
Manche Eltern schämen sich für ihre Ängstlichkeit.

d) Aber dann erinnern sie sich ihrer eigenen wilden Jugendzeit.
Aber dann erinnern sie sich an ihre eigene wilde Jugendzeit.

3 Durch viele Schriftsteller bekommt der Winter ein interessantes Gesicht. Das ist für die Kinder sehr interessant. Neben diesem Spaß können sie aber auch ganz real Freude haben. Durch das Herumtollen wird die Gesundheit gestärkt. Für das Herz-Kreislauf-System ist das ideal. Zudem gibt es unter den Kleinen weniger Streit. Sie fürchten sich nicht vor großer Anstrengung und fallen abends kaputt, aber glücklich, ins Bett. Wenn es ihn nicht gäbe, sollte der Winter für die Kinder erfunden werden.

4 a) Schnee ist für Kinder im Winter eine große Freude. **Seite 136**
Für wen ist Schnee im Winter eine große Freude?

b) Sie brauchen ihn für einen Schneemann.
Für was brauchen sie ihn?

c) Mit einer Möhre und Steinchen bekommt er Augen, Nase und Mund.
Mit was bekommt er Augen, Nase und Mund?

d) Auf den Kopf kann man einen Zylinderhut setzen.
Auf was kann man einen Zylinderhut setzen?

e) Die Kinder haben auch viel Spaß bei einer Schneeballschlacht.
Bei was haben die Kinder auch viel Spaß?

5 a) Eichhörnchen sammeln ihr Futter.
Subjekt AkkObj.

b) Manche Pflanzen verdanken dem Schnee ihr Überleben.
Subjekt DatObj. AkkObj.

c) Er deckt ihre Wurzeln zu.
Subjekt AkkObj.

d) Sie überleben den Winter.
Subjekt AkkObj.

TEST **Seite 137**

Skifahren erfreut viele Kinder. Dieser Sport sorgt für Fitness.
Sub. Präd. AkkO. Sub. Präd. PräpO.

Ohne große Übertreibung dient er der Gesundheit.
PräpO. Präd. Sub. DatO.

Unter zu großen Belastungen können die Gelenke leiden.
PräpO. Präd. Sub. Präd.

Jeder Sport kann dem Menschen nutzen.
Sub. Präd. DatO. Präd.

Die Aufgabe besteht in der richtigen Dosierung.
Sub. Präd. PräpO.

Der Leichtsinn mancher Jugendlicher kann zu Gefahren führen.
Sub. Präd. PräpO. Präd.

Allzu wildes Herumtoben missfällt vielen Eltern. Sie haben Angst.
Sub. Präd. DatO. Sub. Präd. AkkO.

Den Spaß will keiner den Jugendlichen rauben.
AkkO. Präd. Sub. DatO. Präd.

Auf ihre Sicherheit sollen sie achten!
PräpO. Präd. Sub. Präd.

Auswertung zum Test Für jede richtige Unterstreichung (inkl. korrekter Bestimmung) erhältst du einen Punkt. Dabei zählt das Prädikat in jedem Satz nur einmal (Prädikatsklammer!).

Von insgesamt 35 Punkten hast du .... Punkte erreicht.

Super!	In Ordnung!	Bitte noch einmal üben!
35 bis 29 Punkte	28 bis 18 Punkte	Weniger als 18 Punkte

Prädikatsnomen

Seite 138 **1** Die See ist gefährlich. Diese Gefahr heißt Tod durch Ertrinken. Trotz aller Technik bleibt das Meer ein Gefahrenherd. Über viele Jahrhunderte war die See eine Herausforderung. Für Generationen von Küstenbewohnern erwies sich das Meer als Quelle des Unheils wie des Reichtums. Die Fischerei war Lebensgrundlage. Sie ernährte den Menschen. Gut ist aber auch, dass Handel getrieben werden konnte. Zur Not wichen Generationen von Küstenbewohnern in die Piraterie aus. Das ist und war illegal. Nichtsdestotrotz erwies es sich als Möglichkeit des Überlebens. In der Not nennt man sich lieber einen Piraten, als zu verhungern. Das ist Schicksal.

2 a) Das Wetter wird heute schön. prädikatives Adjektiv
b) Gut ist, dass wir einen Schiffsausflug machen. Prädikativsatz
c) Das Meer ist mein Freund. Gleichsetzungsnominativ
d) Das Gefühl an Bord ist unbeschreiblich. prädikatives Adjektiv
e) Der Kapitän ist stolz. prädikatives Adjektiv
f) Die Schifffahrt bleibt sein Lebenstraum. Gleichsetzungsnominativ

Seite 139 **3** a) Schön wird das Wetter heute.
b) Dass wir einen Schiffsausflug machen, ist gut.
c) Mein Freund ist das Meer.
d) Unbeschreiblich ist das Gefühl an Bord.
e) Stolz ist der Kapitän.
f) Sein Lebenstraum bleibt die Schifffahrt.

Was eben noch Prädikatsnomen war, wird durch die Umstellung Subjekt. Man fragt nach beidem gleich.

TEST

a) Das Wetter wird heute schön.
b) Gut ist, dass wir einen Schiffsausflug machen.
c) ~~Das Meer erfreut meinen Freund~~.
d) Das Gefühl an Bord ist unbeschreiblich.
e) ~~Der Kapitän behält seinen Stolz~~.
f) Die Schifffahrt bleibt sein Lebenstraum.
g) Gesund ist, dass er viel an der frischen Luft arbeiten kann.
h) ~~Schade findet er den weiten Weg von zu Hause~~.
i) Die Gesamtbilanz ist für ihn aber positiv.

Auswertung zum Test Für jeden Satz, den du richtigerweise durchgestrichen oder nicht durchgestrichen hast, erhältst du einen Punkt.

Von insgesamt 9 Punkten hast du .... Punkte erreicht.

Super!	In Ordnung!	Bitte noch einmal üben!
9 bis 8 Punkte	7 bis 6 Punkte	Weniger als 6 Punkte

2.4 Sonstige Satzglieder

Adverbiale Bestimmung

1 a) Tier müssen zuverlässig gefüttert werden. Adv. Best. modal **Seite 141**
b) Am Morgen gibt es die erste Mahlzeit. Adv. Best. temporal
c) Dann werden die Tiere auf die Weide getrieben. Adv. Best. lokal
d) Dann stehen sie dort. Adv. Best. lokal
e) Wegen des möglichen Auslaufs sind die meisten Tiere gerne draußen. Adv. Best. kausal

2 a) Gerne gehen die Kinder mit. Adv. Best. modal
b) Vormittags genießen sie die frische Luft. Adv. Best. temporal
c) Gras wächst auf der Wiese. Adv. Best. lokal
d) Wegen der schönen Natur freuen sich die Kinder. Adv. Best. kausal
e) Der Tag vergeht viel zu schnell. Adv. Best. modal

3 a) Wegen des Ausfüllens vieler Formulare arbeiten Landwirte auch am Computer.
b) Zur Informationsbeschaffung recherchieren sie im Internet.
c) Mit leisem Tuckern fahren moderne Trecker über den Acker.
d) Diese Maschinen können ohne üblen Gestank arbeiten.
e) Unter Betrachtung der heutigen Zeit ist die Landwirtschaft eine recht moderne Branche.
f) Dies ist unter Berücksichtigung früherer Zeiten bemerkenswert.
g) Statt überwiegend körperlicher Arbeit ist heute viel mehr verlangt.
h) Landwirt ist wegen der erforderten Vielseitigkeit ein moderner Beruf.

4 a) Wo pflegen Landwirte die Kulturlandschaft? Adv. Best. lokal **Seite 142**
b) Seit wann machen sie das? Adv. Best. temporal
c) Weshalb sind sie ebenso wichtig? Adv. Best. kausal
d) Wie vergessen manche Menschen das? Adv. Best. modal
e) Wo verbringen viele Menschen ihren Urlaub? Adv. Best. lokal
f) Wie lange/Seit wann gilt dies als zweites wirtschaftliches Standbein der Landwirtschaft? Adv. Best. temporal

5 a) In ihrem Ort sind die Bauern wichtige Menschen. **Seite 143**
b) Seit scheinbar ewigen Zeiten gilt dies.
c) So schnell vergisst das niemand.
d) Schon immer begründet dies die besondere Stellung der Bauern.

TEST

Wegen seiner vielen Bedeutungen ist *Bauer* ein häufig verwendeter Begriff. Er bezeichnet im Allgemeinen einen Landwirt. Beim Schach ist er wegen seiner geringen Reichweite die schwächste Figur. Er ist leicht hinauszuwerfen. In verschiedenen Gegenden wird eine Spielkartenfigur auch *Bube* oder eben *Bauer* genannt. Seit ewigen Zeiten ist

Bauer ein häufiger Nachname in Deutschland. *Bauer*, Seine Deftigkeit, ist zudem eine Karnevalsfigur aus dem Kölner Dreigestirn. Man sieht an dieser Stelle, dass Bauer ein wirklich oft verwendeter Begriff im Deutschen ist.

Auswertung zum Test Für jede richtig eingesetzte adverbiale Bestimmung erhältst du einen Punkt. Von insgesamt 8 Punkten hast du .... Punkte erreicht.

Super!	In Ordnung!	Bitte noch einmal üben!
8 bis 7 Punkte	6 bis 5 Punkte	Weniger als 5 Punkte

Attribut

Seite 144 **1** Das Attribut lässt sich nicht allein verschieben, ist also kein eigenes Satzglied.

2 Beispiellösung

a) günstige Rundfahrten auf See
b) mindestens hundert Seehunde
c) romantischer, nie gesehener Sonnenuntergang
d) bester Tauchgang Ihres Lebens
e) schönstes Abenteuer des Jahrhunderts

Seite 145 **3**

a) Frischer Fisch ist eine Köstlichkeit. Adjektiv
b) Allerdings sieht man auch gerümpfte Nasen. Partizip
c) Der Geruch des Tieres ist nicht aller Leute Sache. Artikel + Nomen
d) Leider entgeht ihnen auch ein großer Genuss. Adjektiv
e) Unsere Geschmäcker sind verschieden. Pronomen

4 Der Name [des Atlantiks] hängt mit dem [griechischen] Atlas zusammen. Dieser Titan stützte das Gewölbe [des Himmels] an der westlichen Seite. Im Westen [Gibraltars] war aus [griechischer] Sicht auch das Ende [ihrer Welt]. Zur Ehre [des Atlas] wurde das [hier beginnende] Meer Atlantik genannt. Er befindet sich im Westen [unserer üblichen Kartendarstellungen]. Im Norden begrenzt ihn die [kalte] Arktis, im Nordosten [unser] Europa, im Südosten das [heiße] Afrika und im Westen das [langgezogene] Amerika. Der Atlantik fasst ein Wasservolumen [von unglaublichen 354,7 Millionen Kubikkilometern]. Die [tiefste] Stelle wäre der [höchste] Berg [der Erde], wenn er sich über dem Festland erhöbe. Sie ist [9.219] Meter tief. Der Atlantik ist das [verkehrsreichste] Meer. Dies liegt auch am [regen] Transitverkehr [zwischen Europa und Amerika]. Der Golfstrom erstreckt sich von der Karibik bis Grönland und sorgt für unser [mildes] Klima.

5 Jedes ~~noch so kleine~~ Kind kennt die ~~gefährlichen~~ Haie. Die ~~bekannteste~~ Art dürfte der ~~weiße~~ Hai sein. Spätestens seit dem ~~spannenden~~ Thriller „Der ~~weiße~~ Hai" des ~~genialen~~ Regisseurs Steven Spielberg läuft einem ein ~~gruseliger~~ Schauer den Rücken hinunter, kommt die ~~erregte~~ Rede auf dieses ~~vermeintlich mordlustige~~ Tier. Haie fressen ~~andere~~ Fische oder ~~auch größere~~ Meerestiere. Im Jahr sterben ~~durchschnittlich zehn~~ Menschen an den Folgen von Haiangriffen. Dennoch gelten diese als ~~mordlüsterne~~, ~~kaltblütige~~ Killer. Das hängt sicher mit den ~~vielen klischeehaften~~ Vorstellungen zusammen. In Wahrheit ist der Hai durch die ~~übermäßige~~ Befischung im Bestand gefährdet. Der ~~gefährlichste~~ Killer in der Natur ist eben der ~~gierige und unersättliche~~ Mensch. Dessen Verbrauch ~~an Mitgeschöpfen~~ schafft kein ~~anderes~~ Tier. Seite 146

Wirkung des Textes nach den Streichungen der Attribute:
Der Text wirkt nicht mehr so anschaulich und bunt, z. T. fehlen durch die Streichung der Attribute auch wichtige Informationen, etwa Zahlen oder der Name *weißer Hai*. Grammatisch geht es auch ohne Attribute.

TEST

Wir unternahmen eine Wattwanderung zur Insel Neuwerk. Dazu kann man einen mit Reisigsträuchern gekennzeichneten Weg gehen. Für die Rückkehr stehen auch von Pferden gezogene Wagen zur Verfügung. Das Watt ist sehr glitschig, und überall ragen spitzkantige Muscheln aus dem dunklen Boden. Ab und zu wird der Weg durch tiefe Priele unterbrochen, in denen auch bei Ebbe kaltes Wasser steht. Schon auf dem Hinweg fragten wir uns, wozu wohl die rot-weiß gestreiften Rettungsinselchen gut sein könnten. Bis zum fernen Horizont war kein Meerwasser zu sehen. Nach dem gemütlichen Aufenthalt auf der Insel trödelten wir noch herum. Dann aber verfärbte sich der bis dahin strahlend blaue Himmel. Schwarze Wolken zogen auf. Die Sonne verschwand hinter einer beängstigenden Wand. Nur noch wenige Wattwagen standen da. Wir waren glücklich, dass wir noch einen bekommen konnten. Der Fahrer trieb seine müden Pferde beständig an. Durch den ersten Priel kamen wir noch trockenen Fußes, der nächste war schon so vollgelaufen, dass sich die Pferde zunächst weigerten. Aber mit gutem Zureden schaffte es der besorgte Kutscher, seine störrischen Viecher vom raschen Weitergehen zu überzeugen. Dann ging es los: Schlagartig prasselte eine wahre Wasserflut herab. Binnen weniger Sekunden waren wir klatschnass. Das Meereswasser stieg in einer beängstigenden Geschwindigkeit. Jetzt wurde es durch Regen und Flut bedrohlich.

Auswertung zum Test Für jedes passende Attribut erhältst du einen Punkt. Hier sind nur Beispiele angegeben. Prüfe deine Lösung anhand dieser Beispiele kritisch.

Von insgesamt 20 Punkten hast du .... Punkte erreicht.

Super!	In Ordnung!	Bitte noch einmal üben!
20 bis 16 Punkte	15 bis 11 Punkte	Weniger als 11 Punkte

Attribut – Ersatzformen

1 Der Pazifik, der eigentlich Pazifischer oder manchmal Stiller Ozean genannt wird, ist das größte Meer der Erde. Seine Fläche, die knapp 182 Millionen Quadratkilometer beträgt, entwickelt sich zwischen der Arktis im Norden und der Antarktis im Süden. Der Seite 148

Kontinent Amerika grenzt das Meer im Osten ab. Im Westen liegen Australien und Ozeanien als geographischer Rahmen dieses Meeres, das rund 35 Prozent der gesamten Erdoberfläche bedeckt. Dieser größte Ozean, der mehr als die Gesamtfläche allen Festlands umfasst, macht die Hälfte der Meeresfläche der Erde aus. Das Volumen beträgt knapp 715 Millionen Kubikkilometer Wasser, welche mehr als der Hälfte allen Wassers auf der Erde entsprechen. Die Tiefe, die mit durchschnittlich etwa 4000 Metern angegeben wird, ist an der extremen Stelle im Pazifik bei über 11.000 Metern unter der Meeresoberfläche. Der große Entdecker und Seefahrer Ferdinand Magellan nannte das Meer, das so ruhig hinter Kap Hoorn lag, *pazifisch*, welches friedlich bedeutet. Dieses Wort stammt von *pacificus* aus dem Lateinischen ab. Allerdings gibt es hier trotzdem auch heftige Stürme, die *Taifun* oder *Hurrikan* heißen.

Seite 149

2
a) Der Indische Ozean ist das Meer der Erde, welches die drittgrößte Fläche hat.
b) Er liegt zwischen Afrika, Asien und Australien, das der kleinste Kontinent ist.
c) Der Teil dieses Ozeans, welches der bedeutendste und flächenmäßig umfassendste ist, liegt auf der Südhalbkugel.
d) Dieses ist ein Gegensatz zu Atlantik und Pazifik, die ungefähr gleichmäßig auf beide Halbkugeln aufgeteilt sind.
e) Das Arabische Meer ist ein Nebenmeer, welches recht bekannt ist.
f) Indonesien ist eine Inselgruppe im Indischen Ozean, die politisch eigenständig ist.
g) Ebenso gilt dies für die Inseln Madagaskar und den Staat Sri Lanka, der von inneren Konflikten geplagt wird.

3
a) Der auch Nordpolarmeer genannte Arktische Ozean gilt als Weltmeer.
b) Dieser kleinste Ozean liegt in der Arktis.
c) Allerdings sehen ihn manche nur als nördlich gelegenen Teil des Atlantiks an.
d) Die Ländern zugeordneten Teile der Arktis sind umstritten.
e) Dies hängt mit unklar gezogenen Grenzen zusammen.
f) Auch lassen vermutete Rohstoffvorkommen Begehrlichkeiten wachsen.
g) Der stark vereiste Arktische Ozean wird nur drei bis fünf Monate im Jahr für die Schifffahrt genutzt.
h) Russland unterhält eine für diese Zwecke eingerichtete Atomeisbrecherflotte.

Seite 150

4
a) Das Surfen, eine der heutigen Trendsportarten, ist mit dem Wellenreiten verwandt.
b) Junge Leute lieben besonders den Rausch der Geschwindigkeit, den absoluten Kick.
c) Es wird in den Beinen Muskelaufbau, Kraft für den Körper, betrieben.
d) Auch den Armen, unseren täglichen Helfern, wird Gutes getan.
e) Das Surfen, die universale Körperschulung, liegt also ganz im Trend der Zeit.

5
a) Das Surfen – es ist eine der heutigen Trendsportarten – ist mit dem Wellenreiten verwandt.
b) Junge Leute lieben besonders den Rausch der Geschwindigkeit – er gibt den absoluten Kick.
c) Es wird in den Beinen Muskelaufbau – dies bedeutet Kraft für den Körper – betrieben.
d) Auch den Armen – sie sind unsere täglichen Helfer – wird Gutes getan.
e) Das Surfen – es ist die universale Körperschulung – liegt also ganz im Trend der Zeit.

Statt der Gedankenstriche kannst du auch Kommas verwenden. Gedankenstriche machen die Konstruktion allerdings deutlicher, so erkennt man beim Lesen schneller, wie der Satz zu verstehen ist.

6
a) Das Surfen, das eine der heutigen Trendsportarten ist, ist mit dem Wellenreiten verwandt.
b) Junge Leute lieben besonders den Rausch der Geschwindigkeit, der den absoluten Kick gibt.
c) Es wird in den Beinen Muskelaufbau, der Kraft für den Körper bedeutet, betrieben.
d) Auch den Armen, die unsere täglichen Helfer sind, wird Gutes getan.
e) Das Surfen, das die universale Körperschulung ist, liegt also ganz im Trend der Zeit.

TEST Seite 151

Bei einem Schiff – das nicht mit einem Boot gleichzusetzen ist – handelt es sich um ein Wasserfahrzeug, welches größeren Umfangs ist. Das Schiff hat den eigenen Antrieb, der dem Floß fehlt. Das Wort *Boot* wird für kleinere Wasserfahrzeuge verwendet. Einem Schiff, dem manchmal so gesehenen Inbegriff der Romantik, wird große Freiheit zugeordnet. Sie werden in Anlagen, die man Werften nennt, gebaut. Nach Fertigstellung des Rumpfes kommt es zum oft spektakulären Stapellauf. Hier schließt sich eine erste Fahrt an, die von den Seeleuten und Schiffsbauern *Jungfernfahrt* genannt wird. Mit Schiffen werden wichtige Güter transportiert. Sie sind das bedeutendste Mittel des globalen Handels. Für die Passagierschifffahrt – sie verliert an Bedeutung – ist mit dem Flugzeug große Konkurrenz entstanden. Heutzutage ist die Schifffahrt in dieser Hinsicht eher ein touristisches Erlebnis. Gerade Menschen höheren Alters lieben Kreuzfahrten, das Sinnbild entspannten Nichtstuns. Auch der Beruf des Matrosen wandelt sich. Die früher harte körperliche Arbeit wird mehr und mehr durch die vom Computer gesteuerten Tätigkeiten abgelöst. Dies gilt zumindest für die großen Transportschiffe, welche Container über alle Winkel der Weltmeere verschiffen. Von wilder Seefahrerromantik bleibt da nichts übrig.

Auswertung zum Test Für jede richtige Unterstreichung erhältst du einen Punkt.

Von insgesamt 26 Punkten hast du .... Punkte erreicht.

Super!	In Ordnung!	Bitte noch einmal üben!
26 bis 22 Punkte	21 bis 14 Punkte	weniger als 14 Punkte

3. Sätze

Überblick, Aussagesatz und Fragesatz

Seite 152 **1** Viele Jugendliche spielen sehr gerne Fußball. In unserer Jugendmannschaft trainieren Mädchen und Jungen zusammen. Die Schusstechnik unterscheidet sich nicht. Allerdings haben die Jungen oft mehr Kraft. Manche Mädchen sind dafür zäher.

Seite 153 **2** a) Entscheidungsfrage b) Ergänzungsfrage c) Ergänzungsfrage
d) Entscheidungsfrage e) Ergänzungsfrage f) Ergänzungsfrage
g) Entscheidungsfrage

3 a) Neustadt ist unser nächster Gegner. b) Die spielen mit einer Viererkette.
c) Dieses Mal ist der Rasen besser gepflegt.
d) Die haben immer noch dieses verrückte Publikum.
e) Die Flutlichtanlage funktioniert.

TEST

Das Fußballspiel dauert 90 Minuten. Wie lange dauert das Fußballspiel?
Meistens fallen nicht mehr als zwei bis drei Tore in einem Spiel. Wie viele Tore fallen meistens in einem Spiel?
Herausragende Fußballer sind in Deutschland schon immer Stars geworden. Werden herausragende Fußballer in Deutschland Stars?
Inzwischen schaffen dies auch viele Fußballerinnen. Wie sieht das bei den Frauen aus?/ Schaffen das inzwischen auch viele Fußballerinnen?
Dies hängt auch mit den großen Erfolgen der Frauennationalmannschaft zusammen. Hängt das mit den Erfolgen zusammen?/Woran liegt das?
Viele Jugendliche werden dadurch motiviert. Welche Folge hat das für die Jugendlichen?/Werden dadurch Jugendliche motiviert?

Auswertung zum Test Alles richtig? Dann bekommst du 12 Punkte. Ziehe dir für Fehler je einen Punkt ab. Von insgesamt 12 Punkten hast du .... Punkte erreicht.

Super!	In Ordnung!	Bitte noch einmal üben!
12 bis 10 Punkte	9 bis 7 Punkte	weniger als 7 Punkte

Der Aufforderungssatz

Seite 154 **1** *Beispiellösung*
Ruht euch aus! Ruht euch nicht aus, bleibt unter Spannung! – Redet nicht! Redet miteinander! – Trinkt ordentlich Wasser! Trinkt bloß kein Wasser! – Zieht die engen Schuhe aus! Lasst die Schuhe bloß an! – Beschwere dich ruhig über die fehlende Unterstützung! Klage nicht, hole dir die Bälle selbst! – Versprecht euch Hilfe! Versprecht nicht Hilfe, sondern helft euch!

2 a) Schießt noch ein Tor! Warum schießt ihr nicht noch ein Tor?
b) Flankt genauer! Wieso flankt ihr nicht genauer?
c) Zeigt mehr Einsatz! Zeigt ihr mehr Einsatz?/Könnt ihr mehr Einsatz zeigen?
d) Reißt euch zusammen! Weshalb reißt ihr euch nicht zusammen?
e) Jammert nicht! Hört ihr auf zu jammern?
f) Gib öfter ab! Gebt ihr öfter ab?

3 Wirkung der Fragesätze: Die Fragesätze sind länger, sie wirken zwar höflich, aber in diesem Zusammenhang auch umständlich.

4 Seite 155
a) Setzt euch für euer Team ein!
b) Spielt konzentriert!
c) Zeigt Ballgefühl!
d) Versucht, die Laufwege eurer Mitspieler zu erahnen!
e) Übt den rechten Zeitpunkt für einen guten Pass!
f) Überlegt euch, welche Torecke frei ist, bevor ihr schießt!
g) Freut euch, jubelt, spielt dann aber konzentriert weiter!
h) Rückt rechtzeitig aus der Abwehr nach!
i) Nehmt euren Kopf hoch, wenn ihr lauft!

5 Es müssen alle Verbformen und auch alle im Satz enthaltenen Personalpronomen in den Plural gesetzt werden.

TEST

a) Jungen und Mädchen spielen mit Freude Fußball. Spielen Jungen und Mädchen mit Freude Fußball? Warum spielen Jungen und Mädchen mit Freude Fußball? Zeigt den anderen Jungen und Mädchen mehr Freude beim Fußball!
b) Der Ball muss von der Abwehr gesichert werden. Sichert die Abwehr den Ball? Wie sichert die Abwehr den Ball? Sichert als Abwehr den Ball!
c) Der Angriff wagt auch einmal einen Torschuss. Wagt der Angriff einen Torschuss? Wieso wagt der Angriff keinen Torschuss? Wagt als Angriff endlich mal einen Torschuss!
d) Im Fußball werden auch Frauen zu Stars. Werden im Fußball auch Frauen zu Stars? Wieso werden im Fußball weniger Frauen als Männer Stars? Erkennt auch Frauen im Fußball als Stars an!
e) Viele Fans gehen jedes Wochenende ins Stadion. Gehen die Fans am Wochenende ins Stadion? Wann gehen die Fans am Wochenende ins Stadion? Geht als Fans am Wochenende ins Stadion!

Auswertung zum Test Für jeden richtigen Satz erhältst du einen Punkt. – Du wirst gelegentlich in Details anders formuliert haben. Prüfe deinen Satz kritisch.

Von insgesamt 20 Punkten hast du .... Punkte erreicht.

Super!	In Ordnung!	Bitte noch einmal üben!
20 bis 17 Punkte	16 bis 11 Punkte	weniger als 11 Punkte

Hypotaxe und Parataxe – Wie werden Sätze aneinandergefügt?

6 Wenn man eine hochklassige Mädchenmannschaft gegen eine niederklassige Jungenmannschaft spielen lässt, gewinnen trotzdem die Jungen. Das zumindest behaupten sehr viele Menschen, obwohl sie vielleicht noch nie ein solches Testspiel gesehen haben. Grundsätzlich kann man aber nicht sagen, dass Frauenfußball unattraktiver als der entsprechende Herrensport ist. Es fallen ebenso interessante Tore, weil die Schusstechnik nicht zu sehr von der Kraft abhängt, was wiederum Mädchen nicht benachteiligt. Seite 157

Seite 158 **7** Obwohl die Fernsehmacher erst skeptisch waren, hat sich die Übertragung der Frauenfußballweltmeisterschaft für die Sender gelohnt. Die Stimmung war super, was natürlich auch an den Fans lag. Weil aber die Teams so großartigen Fußball spielten, war keine große Motivation nötig, was die Stimmung in den Stadien betraf. Es ist eben heutzutage noch nicht selbstverständlich, dass die Leute den Fernseher einschalten, wenn Frauenfußball läuft. Beste Werbung, wie dieser Sommer zeigte, ist aber das Spiel selbst.

8 *Beispiellösung*

a) Weil Fußball in Deutschland sehr populär ist, gibt es große Stars wie Mario Gomez.

b) Frauenfußball bekommt viele Fans, weil Großereignisse, wie die Frauenfußballweltmeisterschaft, stattfinden, sodass tolle Spiele gesehen werden können.

c) Weil das Fernsehen Frauenfußballspiele überträgt, interessieren sich immer mehr Mädchen für Fußball, weshalb sich das Ganze für alle Seiten lohnt.

d) Man kann im Frauenfußball sein Geld verdienen, weil er weitaus professioneller geworden ist, sodass große Firmen angelockt werden.

e) Weil es im Fußball aber eine große Verletzungsgefahr gibt, darf dieses Problem nicht unterschätzt werden.

f) Obwohl es eine große Begeisterungswelle gibt, ist Vorsicht geboten.

Seite 159 **9** *Beispiellösung*

a) Noah geht ins Stadion, Dimitri geht mit, aber Lars bleibt daheim.

b) Die beiden Freunde kaufen keine Tröten, denn der Lärm bereitet ihnen Kopfschmerzen.

c) Sie singen lieber Fußballlieder und reihen sich in den großen Fanchor ein.

d) Nach dem Spiel freuen sie sich über den tollen Tag, dann fahren sie nach Hause.

TEST

a) Hypotaxe b) Parataxe c) Hypotaxe d) Parataxe e) Hypotaxe

Auswertung zum Test Für jede richtige Angabe erhältst du einen Punkt.

Von insgesamt 5 Punkten hast du .... Punkte erreicht.

Super!	In Ordnung!	Bitte noch einmal üben!
5 Punkte	4 Punkte	weniger als 4 Punkte

Adverbialsätze – Konjunktionalsätze

Seite 161 **1** Wenn Menschen miteinander leben, kommt es auch zum Raub, sodass es Räuber zu allen Zeiten gab. Nachdem schon im alten Ägypten Grabdiebe bekannt waren, ist auch im Alten Testament die Rede vom barmherzigen Samariter. Dieser half einem Menschen, weil jener ausgeraubt werden sollte. Anstatt dass man Jesus freiließ, wurde der Räuber Barrabas begnadigt. Während noch heute Piraten vor Somalia aktiv sind, bekämpften schon die Römer derartige räuberische Flotten. Räuberbanden waren im Mittelalter streng geführt, sodass der Hauptmann nahezu uneingeschränkte Macht über seine Gefolgsleute hatte. Diese waren oftmals Verzweifelte, da sie zuvor meist als Aussätzige, Ausgestoßene oder Vogelfreie lebten. Sie sahen oft keinen anderen Weg des Überlebens. Anstatt dass man ihnen Arbeit gab, verfolgte die Obrigkeit sie. Obwohl man mit der Räuberei eher romantische Geschichten der Kindheit verbindet, handelt es sich natürlich um verbotene Straftaten.

2 1 Konditionalsatz; 2 Konsekutivsatz; 3 Temporalsatz; 4 Kausalsatz; 5 Adversativsatz; 6 Temporalsatz; 7 Konsekutivsatz; 8 Kausalsatz; 9 Adversativsatz; 10 Konzessivsatz **Seite 162**

3
1. Weil Räuber Hotzenplotz nett ist, hat niemand Angst vor ihm.
2. Wenn Räuber Hotzenplotz nett ist, hat niemand Angst vor ihm.
3. Seit/Seitdem Räuber Hotzenplotz nett ist, hat niemand Angst vor ihm.
4. Räuber Hotzenplotz ist nett, sodass niemand Angst vor ihm hat.
5. Räuber Hotzenplotz ist nett, damit niemand Angst vor ihm hat.

TEST **Seite 163**

1 Finalsatz; 2 Konzessivsatz; 3 Modalsatz; 4 Komparativsatz; 5 Kausalsatz; 6 Konsekutivsatz; 7 Modalsatz; 8 Finalsatz; 9 Temporalsatz; 10 Temporalsatz; 11 Modalsatz; 12 Temporal-/Konditionalsatz

Auswertung zum Test Für jede richtige Bestimmung erhältst du einen Punkt.

Von insgesamt 12 Punkten hast du .... Punkte erreicht.

Super!	In Ordnung!	Bitte noch einmal üben!
12 bis 10 Punkte	9 bis 7 Punkte	weniger als 7 Punkte

Attributsätze/Relativsätze

1 Eine andere Sportart, die viele Kinder in unserer Schule ausüben, ist Hockey. In meiner Klasse gibt es fünf Mädchen und drei Jungen, die einmal in der Woche Hockey spielen. Max, der ein besonders guter Spieler ist, hat mit seinem Verein schon viele Wettbewerbe gewonnen. Der Pokal, den die Mannschaft am letzten Wochenende bekommen hat, steht in der Vitrine, die sich am Eingang des Vereinsheims befindet. **Seite 165**

2 Anna berichtet heute im Deutschunterricht von ihrem Lieblingssport, den sie seit zwei Jahren betreibt. Sie hat seit einigen Monaten ein Pflegepferd, das sie regelmäßig besuchen und reiten darf. Es ist auf einem Bauernhof untergebracht, der nicht weit von Annas Elternhaus entfernt ist. Jeden Montag und Samstag fährt sie mit dem Bus, der an der Haltestelle in ihrer Straße hält, zum Reitstall. Am Wochenende bringt sie manchmal ihre Mutter dorthin, die Pferde ebenfalls liebt und als Mädchen auch gerne geritten ist.

TEST

a) Diese Kinder, die in meinem Sportverein sind, gehen mit mir in eine Klasse.
b) Das Käsebrot, das lecker ist, werde ich in der Pause essen.
c) Der Hund, der sehr laut bellt, gehört meiner Freundin.
d) Ich lese gerade ein spannendes Buch, das mir meine Tante geschenkt hat.

Auswertung zum Test Für jede richtige Umformung erhältst du zwei Punkte

Von insgesamt 8 Punkten hast du .... Punkte erreicht.

Super!	In Ordnung!	Bitte noch einmal üben!
8 bis 7 Punkte	6 bis 5 Punkte	weniger als 5 Punkte

Inhaltssätze/Subjekt- und Objektsätze

Seite 167 **1** 1. (S) – 2. (O) – 3. (O) – 4. (O)

2 a) Wir haben heute in der Schule gelernt, dass im Frühling viele Tiere zur Welt kommen.
b) Die Tiere wissen instinktiv, wann der günstigste Zeitpunkt der Vermehrung ist.
c) Dass die ersten Vögel anfangen zu brüten, freut uns.
d) Man kann jetzt beobachten, wie Rotkehlchen und Kohlmeisen ihre Nester bauen.

TEST

Jan möchte ausprobieren, ob er auf der Fensterbank Kletterbohnen ziehen kann. Er weiß, dass er dafür zunächst zwei Bohnenkerne etwa drei Zentimeter tief in einen Topf stecken muss. Sein Biologielehrer hat gesagt, dass die Pflanzen nach ungefähr sieben Tagen anfangen zu wachsen. Wie oft er sie gießen muss, hat Jan sich aufgeschrieben. Warum er einen dünnen Stock in den Topf hineinstecken sollte, ist ihm klar. Daran können die Pflanzen hochklettern. Jan hofft, bald die ersten Bohnen zu ernten.
(1 Subjektsatz, 5 Objektsätze)

Auswertung zum Test Für jedes richtige Komma und jeden richtig unterstrichenen Satz erhältst du einen Punkt.

Von insgesamt 12 Punkten hast du .... Punkte erreicht.

Super!	In Ordnung!	Bitte noch einmal üben!
12 bis 10 Punkte	9 bis 7 Punkte	weniger als 7 Punkte

Infinitiv und Infinitivsatz

Seite 168 **1** Natürlich darf jeder, der will, im Wald spazieren. Jedoch ist es nicht erlaubt, seltene Pflanzen zu pflücken. Dieses muss nicht geschehen. In heutiger Zeit wird der Naturschutz an Wert gewinnen. Die Menschen würden zu viel Zerstörung nicht verzeihen.

Seite 169 **2** Um naturwissenschaftlich besondere Orte im Wald zu präsentieren, wurden Waldlehrpfade errichtet. Ab den 1960er-Jahren geschieht dies immer häufiger in Deutschland mit dem Ziel, den Besuchern an Stationen Wissen zu vermitteln. Man errichtet Schautafeln, um über Flora, Fauna, Geologie oder Ökologie zu informieren.

TEST

Viele Menschen gehen im Wald wandern. Sie versuchen, gesund zu leben und die saubere Luft zu genießen. Der Wald dient also dazu, sich in der Nähe zu erholen. Die Menschen hören weniger Maschinen knattern, Autos hupen und Türen schlagen. Fernab der Städte wird die Ruhe als erholsam empfunden. Der Körper reagiert und darf sich erholen.

Auswertung zum Test Für jede richtige Infinitivkonstruktion erhältst du einen Punkt. Die Kommas bleiben unberücksichtigt.

Von insgesamt 8 Punkten hast du .... Punkte erreicht.

Super!	In Ordnung!	Bitte noch einmal üben!
8 bis 7 Punkte	6 bis 5 Punkte	weniger als 4 Punkte

Glossar

Hier findest du wichtige Begriffe noch einmal kurz erklärt.

- **Abstrakta (Sg. Abstraktum):** bezeichnen sinnlich nicht wahrnehmbare Erscheinungen
- **Adjektiv:** Eigenschaftswort, Wiewort
- **Adverb (Pl. Adverbien):** Umstandswort
- **Agens:** handelndes Subjekt
- **Akkusativ:** 4. Fall, Wen-Fall
- **Aktivsatz:** Agens steht im Mittelpunkt des Satzes
- **Artikel:** Geschlechtswort, Begleiter des Nomens (bestimmter und unbestimmter Artikel)
- **Bestimmte Numeralia:** Kardinal- und Ordinalzahl
- **Dativ:** 3. Fall, Wem-Fall
- **Deklination:** Flektion von Nomen, Pronomen, Artikeln, Adjektiven und Numeralia; Anpassung dieser Wortarten an Genus, Numerus und Kasus
- **Demonstrativpronomen:** hinweisendes Fürwort
- **Femininum:** weiblich
- **Flektion:** Beugung, Oberbegriff für Konjugation und Deklination
- **Futur I:** 1. Zukunft, einfache Zukunft
- **Futur II:** 2. Zukunft, vollendete Zukunft
- **Genera Verbi (Sg. Genus Verbi):** Form des Verbs (Aktiv und Passiv)
- **Genitiv:** 2. Fall, Wessen-Fall
- **Genus:** grammatikalisches Geschlecht der Nomen
- **Hilfsverb:** Verb, mit dessen Hilfe die meisten Zeitformen gebildet werden (haben, sein, werden)
- **Hypotaxe:** Unterordnung von Nebensätzen unter Hauptsätze
- **Imperativ:** Befehlsform
- **Indefintitpronomen:** unbestimmtes Fürwort
- **Indikativ:** Wirklichkeitsform

- **Indirekte Rede:** man lässt Personen nicht sprechen, sondern berichtet/ erzählt indirekt, was sie gesagt haben
- **Infinitiv:** Grundform
- **Interjektion:** Ausdruckswort, Ausrufewort, Empfindungswort
- **Interrogativpronomen:** fragendes Fürwort
- **Kardinalzahl:** Grundzahl, legt die Anzahl fest
- **Kasus:** Fall (Nominativ, Genitiv, Dativ, Akkusativ)
- **Kausaladverb:** Umstandswort des Grundes
- **Komparation:** Steigerung (Positiv, Komparativ, Superlativ)
- **Komparativ:** Steigerungsstufe (2. Stufe) bei der Komparation
- **Konjugation:** Flektion von Verben, Anpassung des Verbs an Person, Numerus, Tempus, Modus und Genus Verbi
- **Konjunktion:** Bindewort (neben- und unterordnende Konjunktion)
- **Konjunktiv I:** Ausdruck der Aufforderung und des Wunsches
- **Konjunktiv II:** Ausdruck der Irrealität und Potentialität
- **Konjunktiv:** Möglichkeitsform (Konjunktiv I und Konjunktiv II)
- **Konkreta (Sg. Konkretum):** bezeichnen Dingliches, was wahrgenommen werden kann
- **Kontext:** Textzusammenhang
- **Lokaladverb:** Umstandswort des Ortes
- **Maskulinum:** männlich
- **Modaladverb:** Umstandswort der Art und Weise
- **Modalverb:** Verb, das ein durch ein anderes Verb ausgedrücktes Geschehen näher bestimmt
- **Modus (Pl. Modi):** Aussageweise, grammatikalische Kategorie des Verbs (Indikativ, Imperativ und Konjunktiv)
- **Nebenordnende Konjunktion:** verbindet Wörter, Satzteile und Sätze miteinander, die grammatikalisch gleichrangig nebeneinander stehen
- **Neutrum:** sächlich
- **Nomen:** Substantiv, Hauptwort, wird dekliniert
- **Nominativ:** 1. Fall, Wer-Fall

- **Numerale (Pl. Numeralia):** Zahlwort
- **Numerus:** grammatische Zahl, Anzahl: Einzahl (Singular), Mehrzahl (Plural)
- **Objekt:** Satzergänzung (im Genitiv, Dativ oder Akkusativ)
- **Ordinalzahl:** Ordnungszahl, bestimmt die Reihenfolge
- **Parataxe:** Aneinanderreihung von selbstständigen Sätzen, auch Aneinanderreihung von Wortgruppen und Wörtern
- **Partizip I:** Partizip Präsens (Mittelwort der Gegenwart)
- **Partizip II:** Partizip Perfekt (Mittelwort der Vergangenheit)
- **Partizip:** Mittelform, Verbform, die nicht nach Person, Numerus und Modus bestimmt ist (Partizip I und Partizip II)
- **Passivsatz:** Patiens steht im Mittelpunkt des Satzes
- **Patiens:** erduldendes Subjekt
- **Perfekt:** 2. Vergangenheit, vollendete Gegenwart
- **Person:** grammatikalische Kategorie des Verbs (1. Person, 2. Person und 3. Person)
- **Personalpronomen:** persönliches Fürwort
- **Plural:** Mehrzahl
- **Plusquamperfekt:** 3. Vergangenheit, vollendete Vergangenheit
- **Positiv:** Grundstufe (1. Stufe) bei der Komparation
- **Possessivpronomen:** besitzanzeigendes Fürwort
- **Prädikat:** auch Satzaussage, drückt aus, was geschieht oder getan wird, enthält (genau) eine finite Verbform
- **Präfix:** trennbare Vorsilbe
- **Präposition:** Verhältniswort
- **Präsens:** Gegenwart
- **Präteritum:** 1. Vergangenheit, Imperfekt, Erzählvergangenheit
- **Pronomen:** Fürwort
- **Reflexivpronomen:** rückbezügliches Fürwort, bezieht sich auf das Subjekt des Satzes

- **Relativpronomen:** bezügliches Fürwort, leitet einen Nebensatz (Relativsatz) ein
- **Satz:** sprachliche, in sich geschlossene Einheit, die eine Aussage, Frage oder Aufforderung enthält
- **Singular:** Einzahl
- **Subjekt:** auch Satzgegenstand, Träger der Handlung in einem Satz
- **Substantivierung:** Bildung eines Nomens aus anderen Wortarten
- **Superlativ:** Höchststufe (3. Stufe) bei der Komparation
- **Temporaladverb:** Umstandswort der Zeit
- **Tempus (Pl. Tempora):** Zeitstufe, Zeitformen, grammatikalische Kategorie des Verbs (Präsens, Präteritum, Perfekt, Plusquamperfekt, Futur I, Futur II)
- **Unbestimmte Numeralia:** geben eine ungefähre Anzahl an
- **Unflektierbare Wörter:** Wörter können in ihrer Form nicht verändert, nicht gebeugt werden
- **Unterordnende Konjunktion:** leitet Nebensatz ein und bindet ihn an den übergeordneten Satz
- **Verb:** Tätigkeitswort, Zeitwort, wird konjugiert
- **Vergangenheitsformen des Verbs:** Präteritum, Perfekt und Plusquamperfekt
- **Vorgangspassiv:** beschreibt Ergebnis eines Vorgangs
- **Wortfamilie:** Wörter mit gleichem Wortstamm
- **Wortfeld:** eine Gruppe von Wörtern mit gleicher oder ähnlicher Bedeutung
- **Wörtliche Rede:** man gibt direkt wieder, was Personen wörtlich erzählen/berichten
- **Zukunftsformen des Verbs:** Futur I und Futur II
- **Zustandspassiv:** die Handlung wird vom erreichten Zustand, dem Ergebnis, aus betrachtet

Stichwortverzeichnis

Bildnachweis:
|iStockphoto.com, Calgary: Martti Salmela (Junge), AnikaSalsera / Studio Light and Shade (Jonglierbälle) Titel. |Schwarz, Thies, Hannover: 17.1, 27.1, 33.1, 40.1, 50.1, 54.1, 61.1, 63.1, 67.1, 76.1, 78.1, 87.1, 98.1, 155.1, 160.1.